考え方

人生・仕事の
結果が変わる

稲盛和夫
Inamori Kazuo

大和書房

一度きりの人生を
真に実り豊かで輝かしいものにするために

考え方

目次

序章

素晴らしい人生をもたらす羅針盤

幸せな人生に導いてくれるたった一つの鍵

私はこれまで仕事に追われ、仕事を追いかける人生でした。しかし、そんな人生を振り返ってみると、「私ほど幸せな人間はいない」としみじみ思います。

一九五九年に二十八名の町工場からスタートした京セラも、一九八四年に電気通信事業の自由化に際して設立させていただいた第二電電（現・ＫＤＤＩ）も、順調に成長発展を遂げることができましたし、晩節を汚《けが》すのではないかと心配された日本航空の再建も、何とかその任を果たすことができました。

もちろん、その過程においては、さまざまな苦労があったことは確かです。しかし、そんな苦労も含めて、今になって振り返れば、「何と幸せな人生だろう」と思えるのです。

それは、どんな境遇にあろうとも、「人間として正しいことを正しいままに貫く」ということを強く意識し、現在まで変わらずに実践し続けてきたことがもたらしてくれたことなのではないかと思っています。

私は、どのような「考え方」を選択するかによって、自分の人生を、素晴らしいものにつくり上げることもできれば、壊すことにもなると考えています。

人は誰でも、人生で、思いもよらぬ障害に遭遇します。そんな困難に直面したとき、どちらに向いて進むのかは、すべて自分の「考え方」から来る判断です。その一つひとつの判断が集積されたものが、人生の結果となって現れるのです。

ならば、常日頃より、自らを正しい方向に導く「考え方」に基づいた判断をしていれば、どんな局面でも迷うことはありません。いつも正しい行動がとれ、結果も素晴らしいものになっていくはずです。

一方、自分だけよければいいという利己的な心や気まぐれな感情など、自分を悪しき方向へ導く「考え方」がもたらす判断基準しか持っていない人は、常に揺れ動く自分の心に左右されることになります。

人間とは弱いものです。環境に負け、自分自身の欲望に負け、心が乱れ、人の道に反することを平気でやってしまうのも事実です。だからこそ、何かに迷ったときに判断の基準となる正しい「考え方」を持つことがたいへん大切です。

自らを正しい方向に導く「考え方」というものは、まさに闇《やみ》を照らす光です。人生行路を歩いていくときに、素晴らしい人生へと続く道を示してくれる羅針盤となってくれるのです。

「考え方」と「熱意」の大切さに気づく

人間として正しい「考え方」を持つことが、私たちの人生にどれほど大きな影響を与えるのか。そのことを理解いただくために、まず、人生や仕事の結果を表す方程式についてお話ししたいと思います。

私は長年、この方程式の値を最大にするよう、日々懸命に仕事に取り組んできました。またこの方程式でしか、自分の人生も、京セラやＫＤＤＩの発展、そして日本航空の再生も説明することはできないと思っています。

私の考える人生の方程式

人生・仕事の結果＝考え方×熱意×能力

私は、さして裕福ではない家に生まれ、若いときは中学や大学の入学試験、そして就職試験にことごとく失敗しました。多くの挫折《ざせつ》を経験し、人並み程度の「能力」しか持たない私が、人並み以上のことを成し遂げるにはどうすればいいのだろうか。そう悩んだ末に見出だしたのが、この方程式です。

この方程式は、「能力」「熱意」「考え方」という三つの要素から成り立っています。「能力」というのは、頭がいいというだけではなく、運動神経が発達しているとか、頑健であるといった身体的な能力も含めたもので、多くは生まれつき備わっているものです。

この「能力」を点数で表せば、個人差がありますから、〇点から一〇〇点まであるといえるでしょう。ろくに勉強もせず運動能力もないというような人を〇点とすると、運動神経も発達し、健康でもあり、学校の成績も抜群というような人が一〇〇点となるわけです。

この「能力」に、「熱意」という要素が掛かってきます。「熱意」とは、「努力」と言い換えてもいいのですが、これに関しても、やはり個人差があり、○点から一〇〇点まであります。人生や仕事に対して燃えるような情熱を抱き、一生懸命に努力する人を一〇〇点とすると、やる気や覇気《はき》のない、無気力で努力もしない人は○点となります。

この「熱意」は、「能力」と異なり、自分の意志で決めることができます。だから私は、まずは誰にも負けない努力を重ねようと思いました。能力はさほど高くはないかもしれないが、熱意だけは誰にも負けないほど、持とうと思ったのです。頭がいいからと努力をしない人よりは、自分には能力がないということを自覚して、誰よりも情熱を持って努力した人のほうが、はるかに素晴らしい結果を残すことになるはずだと考えたわけです。

最後に「考え方」という要素が掛かってきます。「考え方」とは、その人の思想、哲学という意味でもありますし、理念、信念といっても構わないでしょう。または、人生観、人間性などと置き換えてもいいでしょうし、人間としての生きる姿勢といってもいいかもしれません。そういうものを総称して「考え方」と呼ぶわけです。

この「考え方」こそが、最も大事な要素であり、方程式の結果を大きく左右することになります。なぜなら、先の「能力」や「熱意」が〇点から一〇〇点まであるのに対して、「考え方」には、悪い「考え方」から、良い「考え方」まで、それぞれマイナス一〇〇点からプラス一〇〇点までの大きな振れ幅があるからです。

「能力」も「熱意」も、高ければ高いだけいいのは、言うまでもありません。しかしそれ以上に、自分の「考え方」がプラスなのか、それともマイナスなのか。さらに、その数値は高いのか、低いのかということが、人生や仕事の結果を大きく左右するポイントになります。

人間としてのあるべき姿、原点に立ち返る

なぜなら、どんなに才能があろうとも、どんなに熱心に仕事をしようとも、つまり「能力」や「熱意」の点数がいくら高くても、この「考え方」が間違っていたのでは、マイナスを掛けることになりますから、人生の結果は決してよいものとはなりません。

たとえば、うまくいかない理由を転嫁《てんか》して、言い訳と不平不満ばかり言う。人を妬《ねた》み、世を嫉《そね》み、まともな生き方を否定する。そのような「考え方」を持つなら、結果はマイナスとなってしまいます。「能力」があればあるだけ、「熱意」が強ければ強いだけ、大きな負の結果を人生に残してしまうのです。

一方、たいへんな苦難に遭遇したとしても、それを真正面から受け止める。そして、いつかきっと自分にも明るい未来が来ると信じ、人生を前向きに明るい心で生きていこう、一生懸命さらに努力を重ねていこう、というプラスの「考え方」をすれば、多少能力が劣っていようと、素晴らしい人生の結果を得ることができます。

おもしろいもので、生まれつきの能力が高いか低いかというのは、長丁場の人生における成功にはほとんど関係がありません。能力がさほどなくても、嘆かず、恨まず、腐らず、妬まず、愚痴をこぼさず、誰にも負けない努力を重ねれば、素晴らしい人生を送ることができるのです。

このことは、先ほどもお話ししたように、決して個人の幸福のみにあてはまるものではありません。会社という集団の幸福を導くにあたっても同様です。

二〇一〇年二月からおよそ三年にわたって携わった日本航空の再建は、まさに私の言う人生方程式の格好の証明になったのではないかと思います。

着任してすぐに思ったことは、「私が京セラやKDDIの経営で実践してきた『考え方』を伝え、全社員に意識を変えてもらおう。つまり意識改革をはかろう。そうすれば組織の活性化につながるはずだ」ということでした。また、社員の意識改革を進めることで、日本航空は単に再生を果たすにとどまらず、社員の意識の高さ、つまり人間としての「徳」のレベルにおいて、世界を代表する、素晴らしい企業になれるはずだとも思いました。

そして意識改革をはかるべく、私はまず幹部社員を集め、リーダー教育を徹底的に実施しました。私が半世紀以上にわたる経営の実践のなかから導き出した、具体的な経営のあり方とともに、「人間として何が正しいのか」という判断基準、リーダーが持つべき資質などを、集中的に学んでもらいました。

しかし、私が「利己的な判断ではなく、利他《りた》の心で判断をする」「すべての行動において、真面目《まじめ》に一生懸命努力をする」などと言うと、高学歴の幹部社員たちは、明らかに浮かぬ顔をしました。「そんなことは言われなくても知っている。子供を諭《さと》すような道徳観を押しつけて……」と顔に書いてあるのです。

日本航空は「日本を代表する航空会社」として、ちやほやされてきた長い歴史があるものですから、幹部社員たちは知らず知らずのうちに傲慢《ごうまん》になっていました。ですから私は、生意気で不遜《ふそん》な態度をとる幹部社員には、厳しく叱責《しっせき》をしました。「リーダーには謙虚さが必要であり、こういう事態になったことを自分自身の責任として反省しなければならない」と説きました。

当初は、そのように来る日も来る日も、私は幹部社員の意識を改めることに努めました。何の縁もゆかりもない年寄りが報酬を受け取ることもなく、朝から晩まで必死で人間のあるべき姿を説いている姿が胸を打ったのでしょうか。「なるほど」と、私の説く「考え方」に心動かされる人が次第に出てきました。すると、その波紋が幹部社員のなかに一気に広がっていったのです。

次に、こうした「考え方」は、幹部社員だけでなく、現場の最前線でお客様と接する全社員にも浸透させなければならないと考え、私自身が現場に出かけるようにしました。

受付カウンターの人たち、キャビン・アテンダント、機長・副操縦士、整備の人たち、また手荷物のハンドリングをする人たちが働く現場をまわり、「どういう考え方を持ち、どのように仕事をしなければならないか」ということについて、直接語りかけていきました。

そして現場の社員たちの間に、「人間として何が正しいのか」を基準に判断することが規範として浸透するにつれ、その行動は見違えるように素晴らしいものへと変わっていきました。

こうした意識改革により、全社員の「考え方」が立派なものになるのに伴い、業績が飛躍的に向上していったのです。

良い「考え方」と悪い「考え方」

よく「才に使われるな」と言います。才能のある人はつい自分の才能を鼻にかけ、傲慢に振る舞ってしまいます。それは、先ほども述べた日本航空の例をみても明らかです。

以前の日本航空は、「親方日の丸」の組織体質のなか、官僚的な経営幹部が頭だけで会社を引っ張っていました。幹部社員は皆、高い能力を持つ非常にエリート意識の高い人たちばかりです。学歴も高く、礼儀正しく見えるけれども、実は慇懃無礼《いんぎんぶれい》で、努力の大切さや人間として正しい「考え方」など気にも留めません。

そんな才覚だけを備えた人間が大きな権力を握り、企業内を牛耳《ぎゅうじ》るようになり、組織全体が「人として大事なこと」をないがしろにしてしまった。そのような組織がお客様を大切にするはずがありません。そのために、日本航空は二兆三千億円もの巨額の負債を抱えて経営破綻《はたん》しました。

才能を使うのは「心」だと言われるように、「考え方」が自分の能力を動かしていかなければなりません。心を失い、能力だけがあるという人は、「才に溺《おぼ》れる」と言われるように、必ず失敗します。人間として正しい、つまりプラスの「考え方」を持って「心を高める」ことに努めるのがたいへん大事なのです。

では、私の考えるプラスの「考え方」、マイナスの「考え方」とは、どのようなものなのでしょうか。

プラスの「考え方」とは、端的に言えば、正義、公正、公平、努力、謙虚、正直、博愛などの言葉で表現される、プリミティブな倫理観そのものであり、世界のどこでも通用する普遍的なものばかりです。

そして、その反対に、マイナスの「考え方」とは、プラスの「考え方」の対極にくるものであると私は考えています。

それらを対比させて列挙するならば、左に挙げるような項目として示すことができます。

プラスの「考え方」

常に前向きで、肯定的、建設的である。
皆と一緒に仕事をしようと考える協調性を持っている。
真面目で、正直で、謙虚で、努力家である。
利己的ではなく、「足る」を知り、感謝の心を持っている。
善意に満ち、思いやりがあって優しい。

マイナスの「考え方」

後ろ向きで、否定的、非協力的である。
暗く、悪意に満ちて、意地が悪く、他人を陥《おとしい》れようとする。
不真面目で、嘘つきで、傲慢で、怠《なま》け者。
利己的で強欲、不平不満ばかり。
自分の非を棚にあげて、人を恨み、人を妬む。

このように「考え方」には、プラスの「考え方」とマイナスの「考え方」がありま す。自分の人生を素晴らしいものとしたいなら、幸運であれ、災難であれ、人生で直面するさまざまなことに対し、プラスの「考え方」に基づいて行動することです。

ところが、たったそれだけのことなのに、いざそのような機会に直面すると、人はこの人生の鉄則をつい見失いがちです。

災難と思えるような困難、苦難に遭遇すると、その苦しさに負けて、世を恨み、人を妬み、不遇を嘆き悲しんで不平不満を漏らしてしまう。そうすることで人生をさらに暗くつらいものにしてしまう人を、私たちは数多く見ています。一方、人も羨《うらや》むほどの幸運に恵まれ、有頂天になり、それが当たり前だと思ってしまう。そして、欲望をさらに肥大化させ、謙虚さを忘れて傲岸不遜《ごうがんふそん》になってしまう。周囲にいる人たちにたいへんな迷惑をかけているにもかかわらず、そのことに気づきもせずに、利己的な行動を重ねていく。その結果、せっかくの幸運に恵まれていながら、没落していく様を見聞します。

自分の道をこれから切り開いていく若い人たちは、同じ轍《てつ》を踏んではなりません。幸運に恵まれようと、災難に遭遇しようと、常にプラスの「考え方」を養い、実践していくことに努める。人生の鉄則はそれに尽きると言ってもよいと思います。

ほれぼれするような人になれ

本書は、素晴らしい人生を送るために、正しく、清らかで、強く、純粋な「考え方」を持つこと、すなわち美しく高邁《こうまい》な人格を築き上げることがいかに大切であるかということを、私の体験を交えて述べたものです。

本書を構成している九つの章は「大きな志を持つこと」「常に前向きであること」「努力を惜しまないこと」「誠実であること」「創意を凝《こ》らすこと」「挫折にへこたれないこと」「心が純粋であること」「謙虚であること」「世のため、人のために行動すること」から構成されており、それぞれが独立したテーマとなっています。しかし「人生は考え方によって形づくられる」という本質の部分では互いにしっかりと結びつき、一体となって、人生に幸福をもたらす「人間のあり方」を指し示しています。

たった一回しかない人生を、生きがいに満ちた、素晴らしい人生だったと言えるものにしていこうと願うなら、自らの「考え方」を美しく、気高いものに磨き上げることに努めていかなければなりません。つまり、全人格的に優れているという意味での「全《まった》き人」を目指す努力をしなければなりません。

私が理想とする「全き人」とは、善《よ》き思いに根ざし、人間として正しいことを貫く姿勢を持つ人であり、誰もが「ああ、あの人は素晴らしい人だ」とほれぼれするような人柄の人物です。また、単に能力に長《た》けているだけではなく、自然と皆から「あの人と一緒に人生を歩みたい」「共に仕事をしたい」「あの人がいてよかった」と思われるような人物のことです。

しかし、「言うは易《やす》く行うは難《かた》し」です。実行していくのは容易なことではありません。自分はこうありたいと強く願い、反省を重ねつつ、一日わずかなりとも進歩できるように努め続けなければなりません。

大切なのは、「こうありたい」と思い続けることです。「こういう自分でありたい」と思って一生懸命努力し続ければ、必ず人間は成長するものです。

もともと、生まれながらに立派な人格を持った人はいません。人間は一生を生きていくなかで、自らの意志と努力で高邁な「考え方」を持った人格を身につけていきます。

本書が、そのように絶えず自分自身を磨き、素晴らしい人生を歩んでいこうとする皆さんにとって、少しでも役立つことを願ってやみません。

一　大きな志を持つこと

——気高く、素晴らしい夢を描き、追い続ける

明朗

人生とは素晴らしい希望に
満ちているものです。
常に夢を描くことを忘れない、
ロマンティックで
明るい「考え方」を持ち続けていれば、
未来は開けるのです。

未来に対して限りないロマンティストであれ

京セラを創業した頃、私は自分のことを「夢見る夢夫」と呼び、よく社員たちに自らの夢を語ったものです。いつまでも夢を追いかけることを忘れない、青年のような心を持ち続けたいと考えて、今日まで生きてきました。

振り返ってみれば、明るい夢を描くことの大切さに気づき始めたのは、高校一年生のときだったように思います。

敗戦から三年ほどしか経っていない頃でしたので、私が住んでいた鹿児島市内はまだ焼け野原でした。通っていた高校は、掘っ立て小屋のような貧弱な建物で、海岸近くにあったため、桜島が噴煙を上げているのが真正面に見えました。

その高校の国語の先生はたいへんなロマンティストでした。普段の授業では有名な作家の小説などを題材に講義をしてくださいましたが、あるとき、「私は毎日恋をしています」と発言されたのです。

何を言うのかと思いながら聞いていると、「私は桜島を見ながら自転車で学校に通っています。その桜島に毎日恋をするのです。あの雄大な島影、そしてもくもくと噴き上げる噴煙。そのあふれんばかりの情熱に憧れています」と言われました。

食べることもままならないほど貧しい敗戦直後にあって、先生は素晴らしい夢を描き、私たち生徒に希望を与えてくれました。その影響を受け、私も楽しく、明るく、希望あふれる夢を描くべきだと考えながら、毎日を過ごしてきました。

もちろん現実は決して順風満帆《まんぱん》だったわけではありません。私は小学校高学年に結核を患《わずら》い、死にかけています。旧制中学校受験には二度も失敗し、大学受験も失敗しています。大学卒業後は、希望する会社に就職できませんでした。まさに挫折《ざせつ》に次ぐ挫折の青春時代を経験してきました。にもかかわらず、充実した人生を送ることができたのは、この国語の先生の教えがあったからです。

本来、人生とは素晴らしい希望に満ちているものです。常に夢を描くことを忘れない、ロマンティックで明るい「考え方」を持ち続けていれば、未来は開けていきます。

私は不遇の青少年時代においても、夢見ることを忘れず、希望を抱き続けてきました。今日の自分があるのは、そのように努めて明るい考え方をしてきたおかげだと信じています。

私はよく、「たとえどんなに苦しい状況にあっても、自分の人生や会社の将来を絶対に悲観的に見てはならない」と言っています。今はつらく苦しい状況にある。しかし、「これからの人生は、きっと明るく開けていくはずだ」「会社はこれから必ず発展するのだ」と信じる。そのような、明るい考え方を持つべきです。

決して不平不満を言ったり、暗く憂うつな感情を抱いたり、ましてや人を恨んだり、憎んだり、妬《ねた》んだりしてはいけません。そのようなネガティブな考えは、人生を暗くしてしまいます。

素晴らしい人生を歩んでいる人は、必ず明るい考え方をしています。他の人であれば、災いだと感じるような境遇にあっても、それを前向きにとらえ、自分を成長させてくれる好機として感謝することができます。そして、そのように明るくとらえることで、実際に人生も好転していきます。

世の現象はすべて、自分の心、考え方が招いたものです。心の有り様、つまり考え方次第で、人生も仕事も結果は一八〇度違ったものになります。とても単純なことですが、未来に希望を抱き、明るく積極的に行動していくことが、仕事や人生をより良くするための第一条件です。

願望

自分の可能性をひたすら信じ、
実現することのみを強く思いながら
努力を続ければ、
いかなる困難があっても、
思いは必ず実現します。

「できると信じる」ことで人生は開けていく

まず「こんな人生を歩みたい」「将来こんな人間になりたい」「会社をこのように成長させたい」という願望を持つことが必要です。あらゆる艱難辛苦《かんなんしんく》にも挫《くじ》けず、岩をも通すような一念でやり遂げてみせる。そのような、強く気高い思いを抱くことが、成功の源です。

自分の可能性をひたすら信じ、実現することのみを強く思いながら努力を続ければ、いかなる困難があっても、思いは必ず実現します。人間の思いは、私たちの想像を超えた、凄《すさ》まじいパワーを秘めています。

ここで言う「強い思い」とは、潜在意識にまで浸透していった「願望」のことです。そうした強烈な願望にまで高められた思いを持ってほしいと思います。

願望を潜在意識に浸透させるには、寝ても覚めても、繰り返し考え抜くことが必要です。常にその願望のことだけを、凄まじい気迫で考え続ける。すると、潜在意識は、たとえ寝ているときですら働き続け、願望を実現する方向へ自分を向かわせてくれます。

積極思考を説いた思想家、中村天風《てんぷう》さんは、そのように思い続ける様を、次のように端的に表現しています。

「新しき計画の成就《じょうじゅ》はただ不屈不撓《ふくつふとう》の一心にあり。さらばひたむきにただ想え、気高く、強く、一筋に」

これは、私がかつて京セラの経営スローガンに取り上げ、また、日本航空再建にあたっても社員一人ひとりの意識改革に向け、各職場に貼り出した言葉です。新しい計画の成就は「ただ不屈不撓の一心にあり」。つまり、どんな困難が立ちはだかっていようと、一心不乱に思い続けることが重要だと説いています。また、その思いは強く揺るぎないものでなければならないということが、「さらばひたむきにただ想え、気高く、強く、一筋に」という言葉に表現されています。

天風さんは、この言葉の後に、次のように続けています。

「よしや、かりに人生行路の中途、滔々《とうとう》たる運命の濁流《だくりゅう》に投げ込まるるとも、また不幸病魔《びょうま》の擒《とりこ》となることありとも、夢にも悶《もだ》ゆることなかれ、怖るることなかれ」

道半ばにして、運命に翻弄《ほんろう》され、不幸に見舞われたとしても、成功することをただ一途に思い続けなさい。思い悩むこと、悶え苦しむこと、怖れることがあっては絶対にならないと説いています。

多くの人は「こうしたい」と思っても、「実現するには難しい条件がある」などと、すぐに後ろ向きに考えてしまいがちです。しかし、「こうしたい」という思いに、「でも」「かも」といった濁《にご》りがあると、思いの持つ力はゼロになってしまいます。一切の疑念を捨て、その実現を信じて強く思い続けることが大切です。

そうして強い「思い」を抱き続けることで、実現するための努力も自然とできるようになります。

京セラは創業時、資本金わずか三百万円、従業員二十八名で、景気やマーケットが少し変動するだけで潰《つぶ》れかねない零細企業でした。しかし、私はこのような、設備や資金もなく、明日をも知れないなかにあって、社員たちに「日本一になろう」「世界一になろう」と大きな夢を語り続けていました。

雲をつかむような話ではありましたが、ことあるごとに社員たちに説き続けました。京都のなかでさえ、当時の京セラにはとても追い抜くことなど不可能と思われる大企業がたくさんあり、「わずか百人にも満たない中小零細企業が世界一になるなど冗談にもほどがある」と言われたこともありました。それでも、私は真剣に自分の思いを語り続けました。

すると社員たちも、いつしか私の掲げた夢を心の底から信じるようになり、実現に向けて力を合わせ、夜を日に継いで、ひたむきな努力を重ねてくれるようになりました。

現在京セラは、ファインセラミックスの分野では世界一になり、売上は一兆五千億円規模にまで成長しています。「日本一になろう、世界一になろう」と思い続け、言い続けたことが、会社としての「夢」を実現に導いてくれました。

信念

先が見えないなか、
目標を追い続けるには、
闇《やみ》を照らす「光」が必要です。
信念という光があるからこそ、
その道を歩み続け、
成功にたどり着くことができます。

強く一途な「信念」が勇気を奮《ふる》い起こす

ビジネスの世界では、挑戦的で独創的なことをしようとするとき、必ずたくさんの障害が出てきます。しかし、今までに例を見ないような、素晴らしい仕事をした人は、一途な「信念」によって、自らを勇気づけ、その障害を克服していった人たちです。

創造的な領域で仕事をするのは、真っ暗闇《くらやみ》のなかを手探りで進むようなものです。そのように先が見えないなか、目標を追い続けるには、闇を照らす「光」が必要です。信念とは、その光のようなものです。

創造的な世界になればなるほど、心のなかに確固たる信念を持っていなければなりません。信念という光があるからこそ、その道をひたすら歩み続け、成功にたどり着くことができます。

それでは、「確固たる信念」とは、どのようなものでしょうか。それは「他に善《よ》かれかし」という美しい思いのことです。このことを、第二電電（現・ＫＤＤＩ）設立の経験からお話ししたいと思います。

一九八四年、日本は電気通信事業の自由化という大きな転換期を迎えていました。それまで国策会社として運営されていた電電公社が民営化され、ＮＴＴとなると同時に、通信業界に新規参入が認められることになりました。

当時、国内の長距離電話料金がたいへん高いということは多くの国民が認めるところでした。私は、日本の通信料金の水準が世界的にみてもあまりに高く、国民に大きな負担を強《し》いているばかりか、日本の情報化社会の発展を妨《さまた》げているという思いを強く抱いていました。

そのようななか、新規参入が認められるにあたり、当初、経団連あたりを中心に大企業がコンソーシアム（連合体）を組んで参入してくれるものと考えていました。しかし、当時四兆円もの売上を誇り、明治以来、日本の津々浦々に電話回線を引き、膨大なインフラを持つＮＴＴに対抗できるはずがないということからか、誰もが二の足を踏んでいました。

そのうちに、たとえ大企業がコンソーシアムを組んで挑戦したとしても、おそらく若干の値下げをする程度で、ＮＴＴと新電電がすみ分けをすることになってしまうのではないか。国民が安い電話料金を期待しているのに、利権を分け合うだけで、真の競争が行われないのではないかと思うようになりました。私は矢も盾もたまらず、自分が長距離通信事業に進出し、通信料金を安くしなければならないと思い始めました。

通信のつの字も知らない私が通信事業に乗り出すのは、まさに無謀な話でした。それでも、国民のために長距離電話料金を安くしなければならないという一心から、正義感に燃えた若い男が敢然《かんぜん》とＮＴＴにチャレンジすることが必要ではないかと強く思うようになったわけです。

しかし、すぐには参入の決断を下しませんでした。私は自問自答を繰り返しました。通信事業に乗り出そうとするのは、本当に国民のために通話料金を安くしたいという純粋な動機からだけなのか。そこに、自分が儲けたいとか、自分を世間によく見せたい、スタンドプレーをしたいという私心はないのか。その問いを「動機善なりや、私心なかりしか」という言葉に込めて、毎晩どんなに遅くても、寝る前に自分に問いかけました。

何か事業を起こすとき、動機が善、つまり美しい心から発したものであれば、結果は必ず良くなる。逆に動機が不純では絶対にうまくいくはずがないと私は信じていました。

私は半年ぐらい自問自答し、ようやく動機は善であり、そこに一切の私心はないと確信できました。そうであれば、いかに困難な事業であろうと実行しようという勇気と熱意が湧き起こり、第二電電の創業を決意し、発表しました。

その後、第二電電に続いて旧国鉄を母体にした日本テレコム、日本道路公団・建設省（現・国土交通省）にトヨタが加わった日本高速通信も名乗りをあげ、新電電三社競合でスタートしました。

通信網をはじめとするインフラはもちろん、技術、資金、信用、営業力など、いずれの面を見ても、何もかも不足している第二電電に対し、他の二社はすべての条件がそろっていました。

そのような状況でスタートしたわけですが、サービス開始直後から、最も不利であるはずの第二電電が新電電のなかでは圧倒的に市場をリードしていったのです。第二電電はその後も快進撃を続け、現在もＫＤＤＩとして隆々《りゅうりゅう》と成長発展し続けています。

その要因はどこにあったのでしょうか。第二電電が持っていたものはただひとつ、

「世のため人のため」という思いだけでした。その純粋で美しい思いのもと、一意専心《いちいせんしん》、努力を続けたことこそが、成功の最大要因だと考えています。事業を始めたときには、さまざまな中傷もありました。困難な悪条件ばかりが、眼前に立ちふさがっていました。しかし、世のため人のために絶対に必要なことだという信念があったからこそ、そうしたあらゆる困難を乗り越えることができたのです。

このことを見事に表現している言葉があります。二十世紀初頭にイギリスで活躍した啓蒙《けいもう》思想家のジェームズ・アレンは、著書『「原因」と「結果」の法則』（サンマーク出版）のなかで次のように述べています。

「清らかな人間ほど、（中略）目の前の目標も、人生の目的も、けがれた人間よりもはるかに容易に達成できる傾向にあります。けがれた人間が敗北を恐れて踏み込もうとしない場所にも、清らかな人間は平気で足を踏み入れ、いとも簡単に勝利を手にしてしまうことが少なくありません」

この言葉に触れたとき、私は人生の真理を見事に表現しているように感じられました。

周囲を見わたすと、際だって賢そうには見えない人が、信念に基づいてリスクをあえてとり、誰よりも努力を重ねた末に成功を収める様を見聞します。逆に、頭がよく、才に長《た》けた人が、知恵を働かせて、用心深く進めたにもかかわらず、失敗する様にも遭遇します。その差を生んでいるものは何なのか。それは、純粋で強い思いであり、その思いがもたらす信念こそが、どんな戦略・戦術に長けた知恵にも優る力を持っているのです。

これからの日本を担う若い人たちには、ぜひ信念の持つ力を信じてほしいと思います。限りなく純粋で強烈な信念を胸に、ひたむきに努力を重ねる。そのような「考え方」のもと、懸命に生きることで、人生はより実り多きものになるのみならず、この社会も豊かで美しいものになるに違いありません。

二　常に前向きであること

——明るい心には、必ず幸運が宿る

進歩

無限の可能性を持っているはずだと信じ、
一生懸命努力をすることが大切です。
そのように可能性を信じ、
努力することでこそ、
人間は進歩し続けるのです。

人間の無限の可能性を追求する

私が、人間には等しく無限の可能性があると考え始めたのは、おそらく、大学の入学試験に向けて勉強を始めた高校三年の頃だと思います。

神様は世の中を不公平につくっていないし、人間を不平等にもつくっていない。みんなそれぞれ同じように、素晴らしい無限の可能性を持つようにつくっている。その素晴らしい可能性を発揮している人と、そうでない人がいるだけのことであり、本質的に頭がいいとか悪いということではない。

このようなことを、私はいつの間にか信じるようになっていました。京セラを創業してからも、それが唯一、私を励ますもとでした。

人間はそれぞれ素晴らしい可能性を持っており、それが発揮できるかどうかは、努力で決まります。ですから、自分にはお金もなければ、頭脳も決して優秀でないとあきらめてはなりません。無限の可能性を持っているはずだと信じ、一生懸命努力をすることが大切です。そのように可能性を信じ、努力することでこそ、人間は進歩し続けるのです。

何かを成し遂げる人は、困難にぶち当たったときでも、努力さえすれば必ず解決できると、楽天的に可能性を信じています。一瞬のためらいもなく、一分《いちぶ》の疑問もなく、「無限の可能性を信じ、これから努力をすればいいだけのことだ」と信じ込む。そういう人だけが、壁を突破していきます。

そのことを我々に教えてくれる、百年ほど前に活躍したイギリスの探検家がいます。その名はアーネスト・シャクルトンで、三度、南極探検隊を率いた英雄として知られています。特に有名なのが、彼が出した南極探検隊員の募集広告でした。そこには次のように書かれていたといいます。

「求む男子。至難の旅。僅《わず》かな報酬。極寒。暗黒の長い日々。絶えざる危険。生還の保証なし。成功の暁《あかつき》には名誉と賞賛を得る。―アーネスト・シャクルトン―」

当時、シャクルトンは人類史上初となる南極大陸の横断を目指していました。南極点への到達はすでに別の探検隊が果たしていましたが、大陸横断はいまだかつて誰も経験したことがない困難な挑戦でした。ひとたび旅路につけば、凍《い》てつく寒さと激しい暴風にさらされ、生きて帰れる保証はどこにもありません。そのうえ、たとえ成功したとしても、たいした報酬もないという過酷な条件です。

少しでも恐れやためらいがあれば、また、「できる」という可能性を信じることができなければ、誰もこのようなリスクばかりの募集広告に応募しません。まさにそれが、シャクルトンの意図したことだったのではないでしょうか。つまり、今まで誰も成功していないが、可能性を求めて努力していけば、偉大なことを成し遂げることができると本当に信じられる人にこそ、南極横断探検隊の隊員になってほしかったのではないか。また、そのような人が集まったチームでなければ、困難に遭遇したときに挫《くじ》けることなく、前進し続けることはできません。

実際に、シャクルトン率いる探検隊は想像を絶するほどの災難に襲われます。探検隊二十八名を乗せたエンデュアランス号が流氷に閉じ込められ、壊れて沈没してしまうのです。南極大陸の手前で船を失った彼らは、十分な装備も食料もないまま、流氷上に取り残されてしまいます。

この絶体絶命のピンチのなかでも、シャクルトンは強いリーダーシップを発揮し、ともすれば絶望にさいなまれる隊員たちを励まし、希望を与え続けました。まず、氷上にキャンプを張り、少なくなった食料をできるだけ温存し、アザラシやペンギンを捕獲し、アザラシの油を燃料にしながら命をつないでいきます。

そのうち、キャンプを張っていた浮氷《ふひょう》が二つに割れると、シャクルトンは氷上を捨て、全員で救命ボートに乗り込み、暴風が吹き荒れる南極の海のなか、上陸できる島を目指していくことを決断します。エンジンもなく、ボートとオールだけで、マイナス四十度近い寒さのなか、凍てつく水しぶきに全身を濡らしながら、あるともわからない目標に向かっていくその姿は、まさに悲壮そのものです。

しかし、そのような悲壮感は微塵《みじん》も見せず、シャクルトンは隊員を率いて前進し続けていきます。島から島へ、海峡を越え、山脈を越えていきます。そしてついには、二十二カ月間、極寒の地で生き延び、隊員二十八名の誰ひとり欠けることなく生還を果たします。

南極大陸横断という試みそのものは失敗しますが、死に直面しても決してあきらめることなく、常に自らの可能性を追求するその姿勢は生涯変わることがなかったといいます。このように失敗を恐れず未踏の地を目指して挑戦し続けた先にこそ、他の誰にも真似できない偉業があるのだと思います。

探検家だけではありません。人類の歴史を変えるほどの発明発見をした偉人たちも、自らの無限の可能性を信じ続けたからこそ、不可能と思えるようなことを成し遂げることができたのだと思います。そして、その結果として、人間は進歩し、社会は発展し続けていきます。はじめから「できない」とあきらめてしまえば、永遠に進歩することはありません。

「これはちょっと難しい」と思っただけで、もうできません。「いや、少し実現が難しいと思っただけです。何とかできると思っています」というような曖昧《あいまい》な気持ちが少しでもあれば、もう駄目《だめ》です。少しでも疑問に思い、不安が頭をよぎってしまえば、その後でいくら「努力をすればできるはずだ」と自分に言い聞かせても後の祭りです。一瞬の逡巡《しゅんじゅん》、ためらい、疑問が、無限の可能性を萎《な》えさせてしまうのです。

挑戦的で独創的な仕事ほど、粘《ねば》りに粘り、努力を重ねていかなければ、達成できないはずです。粘りに粘ってやり抜くことができるのは、心の底から「できる」と信じているからです。心のなかに「必ずできる」という信念があるからこそ、長期間にわたり力強く粘り続け、障害を乗り越えていく闘志が心の奥底から沸々《ふつふつ》と湧いてくるのです。

懸命

人は追い込まれ、
もがき苦しんでいるなかでも、
真摯《しんし》な態度で物事にぶつかっていくことで、
ふだんでは考えられないような力を
発揮することができます。

ただひとつのことを、誰よりも一生懸命に実践する

私は、一九三二年、鹿児島市に、七人きょうだいの次男として生まれました。印刷業を営む比較的恵まれた家庭でしたが、第二次世界大戦中の一九四四年を境に、私の運命は一変しました。その年、地元の難関中学の入学試験に落ち、翌年結核に罹病《りびょう》して、死の淵《ふち》をさまよい、さらに自宅が米軍による空襲で焼失してしまいました。

戦後は貧窮したのですが、担任の先生の強い勧めや親きょうだいの支援もあって、なんとか高校進学を果たし、大学受験のチャンスにも恵まれました。しかし、希望する大学の医学部には合格できず、やむなく新しくできた地元の大学の工学部に入学しました。

大学では一生懸命に勉強に励んだものの、私が卒業した一九五五年は、運悪く朝鮮戦争終結後の就職難の時代を迎えており、地方の新制大学卒業で、縁故もない私には、なかなか就職口が見つかりませんでした。

恩師が、京都にある送電線用の碍子《がいし》を生産する会社を探し出してくれ、ようやく採用されたのですが、大学で専攻した有機化学と全く関連のない分野であり、この就職は決して本意ではありませんでした。

当時の私は、大学をトップの成績で卒業したせいもあって、生意気な一面も持っていました。また入社してみると、給料の遅配が続くような赤字会社で、社屋や工場の設備どころか、寮までもが老朽化し、劣悪な環境でした。そのせいもあって、私は入社した瞬間から、見るもの聞くものすべてが不満に思えたのです。

そのうち同期入社の仲間は次々と会社を辞め、私も自衛隊に行くことを企てたものの、家族の反対により入隊が叶《かな》わず、いよいよ赤字会社に私だけが取り残されてしまうことになりました。

ひとりになった私を支えてくれたのは二つ下の妹でした。何もない粗末な寮で自炊をしていた私を見かね、勤めている鹿児島のデパートを辞めて、「兄ちゃんのお手伝いをするんだ」と、京都に来てくれたのです。寮の近所には明治製菓の工場があり、キャラメルをつくっていました。妹は、その工場でキャラメルの包装の仕事をしながら、私の寮に泊まって面倒を見てくれました。

一年半ほど、妹が朝と夜の食事をつくってくれました。ですから、私は夜遅くまで研究を続けられました。私は妹が頼りでしたし、妹も私が頼りという関係でした。

「泣くな妹よ　妹よ泣くな　泣けば幼いふたりして　故郷を捨てたかいがない」の歌詞で始まる「人生の並木路」という演歌がありますが、この歌を聴くと、そのときのことがまざまざと思い出されます。


このようななかで、私は気持ちを一八〇度切り替えようと思いました。「いつまでも嘆き、ふさぎ込んでいても仕方がない。不平不満を並べるよりは、与えられたファインセラミックスの研究に没頭してみよう」と心に決めました。

覚悟を決めるまで半年ほどかかりましたが、腹をくくった瞬間、今までの不平不満や迷いが吹っ切れた感じがしました。以来、鍋《なべ》や釜《かま》といった自炊道具までも実験室に持ち込んで寝泊まりし、実験を重ねながら、また図書館で最先端の論文に読みふけりながら、新しいセラミックスの組成《そせい》設計から、生産に至るプロセス開発技術の研究に没頭しました。

ぶつぶつと文句を言っている間は、何をやっても本当にうまくいきませんでしたが、研究に打ち込み始めると、次から次へと素晴らしい研究成果が出始めました。すると上司から褒められ、さらには役員までもが若い私に声をかけてくれるようになり、仕事が面白くなってきました。

それを励みに一層努力を重ね、また高い評価を受けるというように、このときから私の人生の「好循環」が始まりました。

研究を始めて一年半ほど経った頃、私はフォルステライトという新しい高周波絶縁材料の合成に成功しました。劣悪な研究環境のなかにあって、アメリカのGE（ゼネラル・エレクトリック）社に次ぐ、世界で二番目の合成の成功でした。

その新しいセラミック材料を使った製品を、日本の大手電機メーカーが、当時急速に普及が進んでいたテレビの部品として採用してくれました。このことは、単に開発者としての私の苦労が報われるだけでなく、赤字を続ける会社にとっても起死回生となる受注でした。こうして会社から期待された私は、若くして現場のリーダーになりました。

しかしその後、新任の技術部長と衝突し、会社を辞めることになった私は、二十七歳のとき、自らの技術をベースとして、支援してくださる方々とともに、京セラというファインセラミックスの部品メーカーを設立することになりました。

このような自分の人生に思いを馳《は》せるたび、苦難に挫《くじ》けず、前向きに必死に働いたことで、今日の自分があることに気づき、一生懸命働くことの大切さを痛感します。

人は追い込まれ、もがき苦しんでいるなかでも、真摯《しんし》な態度で物事にぶつかっていくことで、ふだんでは考えられないような力を発揮することができます。

そして、その努力の向こうには、自分でも想像できないような、素晴らしい未来が広がっているのです。

自燃《じねん》

一生懸命に働くということは、苦しいことです。
その苦しいことを毎日続けていくには、
自分の仕事を好きになろうと
努めることが必要です。
仕事を愛し、仕事に喜びを見出だせる人が、
成功を収めることができるのです。

心に火をつけるのは自分自身

人間は、自ら燃えていく自燃性《じねんせい》の人と、火を近づけると燃える可燃性の人、火を近づけても燃えない不燃性の人の三つに大きく分けられます。

「明朗」の章で、「未来に対して限りないロマンティストであってほしい」ということを言いましたが、可燃性ならまだしも、不燃性の人はロマンティストの対極の存在です。ロマンティストは自ら燃え上がる自燃性の人でなければなりません。

何かをやり遂げるためにはたいへんなエネルギーが必要です。そしてそのエネルギーは、自分自身を励まし、燃え上がらせることで起こってきます。人から言われたから、命令されたから仕事をするのではなく、言われる前に自分からやろうという積極的な人が、「自ら燃える人」です。

では、自分が燃える一番よい方法とは、何でしょうか。それは仕事を好きになることです。「惚《ほ》れて通えば千里も一里」という言葉があるように、好きになれば苦労など感じません。嫌々やっていると、どんなことでも、つらく感じるものです。

仕事を好きになることで、どんな苦労の最中《さなか》でも、「一生懸命に打ち込んでみよう」と気持ちを前向きに切り替えることができます。全力を打ち込んでやり遂げれば、大きな達成感と自信が生まれ、次の目標へ挑戦する意志が生まれます。その繰り返しのなかでさらに仕事を好きになり、ますます努力を惜しまなくなり、素晴らしい成果を上げることができます。

これはまさに私の実感です。大学を出て入った会社で、「仕事を好きになった」おかげで、今日の私があるとつくづく思います。仕事を好きになるための努力をすること、これこそが人生において、また仕事において、最も重要な要素だと思います。

先にお話ししたように、私は大学で有機化学を専攻していました。無機化学系の会社に就職が内定したので、急遽《きゅうきょ》セラミックスの研究を始めたものの、専攻ではありませんから、決して好きな分野ではありませんでした。しかし、追い詰められた私には、もはや自分の眼の前の研究テーマを好きになるより他に選択肢はなく、何としてもセラミックスを好きになろうと努めたのです。

そもそも基礎知識がないものですから、文献を読むことから始めました。たとえば、過去の論文を大学図書館から引き出し、その内容を勉強する。アメリカのセラミックス協会の論文を、辞書と首っ引きで読む。当時はコピー機がないものですから、必要な文献を抜粋するのに、重要なところだけを大学ノートに書き写していました。こうした文献調査を綿密に行ったうえで、実験を進めていきました。

一生懸命に勉強をすると興味が出てきますから、さらに研究に熱が入ります。頻繁に大学の図書館へ通って文献をあさっては、実験や仕事に応用し、そしてまた図書館へ行く。このように、好きになる努力を一生懸命重ねていくなかで、前にお話ししたように、世界で二番目に新材料の合成に成功することができました。

偉大な業績を成し遂げた人は、やはり心から仕事を愛しています。それは、好きな仕事に就くことができた幸運な人か、あるいは気持ちを切り替え、好きではなかった仕事を、好きにしていった努力の人です。

実業に携わるにしろ、学問の道を進むにせよ、まずは自分がしている仕事を「好きになる」ということが大切です。「仕事を好きになる」ことで初めて、全身全霊をあげて、「仕事に打ち込む」ことができます。

もっとも、仕事が好きになり打ち込んでいくなかでも、ただ苦しいだけでは、長く努力を継続することはできません。仕事の合間に、喜びや楽しみも見出ださなければなりません。

私が最初に勤めた会社で新材料の量産が始まった頃、のちに京セラ創業メンバーとなる若手二人が、研究助手として入社してきました。私は仕事で気が滅入《めい》るようなことがあると、この二人とよく草野球をしたものです。

一人は身体は小さいけれども剛速球を投げ、コントロールもよく、なかなかの投手でした。また、もう一人はいつも外野を守っていました。野球をやったことがないためか、球が外野に上がった瞬間から、グローブを頭上に高く掲げ、その格好のまま走りだします。

そんな不器用な格好で球が捕れるわけがないと思うのですが、意外にも彼は足が速く、死にもの狂いで追いつき何とかキャッチしてしまいます。その姿を見て、みんな腹を抱えて笑ったものでした。そんな草野球のあとは、寮に帰って焼酎を飲んで解散するというのが、いつものパターンだったように記憶しています。

野球ができない雨の日は、機械を拭《ふ》くボロ布を丸めてグローブを作り、ボクシングの真似事をしていました。若い二人がボロ布のグローブをはめ、私が金属の器をゴング代わりに「カーン」と鳴らし、研究室で試合をしたこともありました。気持ちが張りつめるばかりでは体も心ももちませんから、そんなことをして和らげていたのです。

また、恋もしました。最初に恋をしたのは、研究室で私の前に座っていた、四つぐらい年上の女性でした。知的で、上品な女性だったので、「こんな人をお嫁さんにもらえたらいいな」と、片思いでしたが一途に憧れ、何か理由を見つけては、その人のところに行くといった具合でした。

緊張した日々が続くなか、レクリエーションや恋愛に潤いを求めながら、努力を継続していく。それが私の人生にとって、本当によかったと思います。

日常のささいな出来事に喜びや楽しみを見出だすことで、さらに一生懸命打ち込むことができ、苦しい仕事を好きになることができます。そして、仕事を好きになることでこそ成果も上がり、運命を好転させることができるのです。

三　努力を惜しまないこと

――頑張ることをあきらめない人に、真の充足感は訪れる

勤勉

真面目《まじめ》に一生懸命に働くという行為こそが、
人間を立派にしていきます。
苦労する経験を避けていった人で、
立派な人間性をつくり上げた人など
いないはずです。

真面目《まじめ》に、一生懸命に働く

私は十三歳で終戦を迎えました。そうした時代ですから、私が生きるうえで、最初に意識したことは「勤勉」ということでした。廃墟《はいきょ》と化した国土に立ち、真面目に一生懸命働くことしか、生きる術《すべ》はなかったからです。

私の一家も当時、経済的にはたいへん困窮していましたが、不思議と不幸という感覚はありませんでした。ただ誠実に、日々懸命に生きることで精いっぱいだったのです。

思い出すのは、私の母方のおじ、おばです。終戦後、満州から裸一貫で鹿児島に戻り、野菜の行商をしていました。おじは戦前の小学校を出ただけの人でしたが、毎日野菜を仕入れては、大八車《だいはちぐるま》を引いて行商をしていました。

口の悪い親戚たちは、そのおじのことを「あの人は学問もないし、知恵も足りないから、暑い日でも寒い日でも大きな大八車を引いて、汗水を垂らしながら行商しているんだよ」と言って、いくらか軽蔑《けいべつ》した目で見ていました。

身体の小さなおじでした。そのおじが、自分よりはるかに大きな大八車に野菜を積み、過酷な日照りの夏の日も、寒風吹きすさぶ冬の日も行商をしているのを、幼い私はよく見ていました。

おそらくおじは、商売とか会計ということは全く知らなかったと思います。しかし、ただ一生懸命に働くということで、やがて八百屋を営むようになり、晩年まで素晴らしい経営を続けていました。

そのような様を見ていた私は、学問がなかろうと、黙々と真面目に一生懸命働くということが、素晴らしい結果を招いていくのだということを、子供心に強く感じていました。

こうした「真面目に一生懸命働く」ということを、私たちはいつもできているでしょうか。自ら一生懸命働くこともせずに、身に降りかかる災難を人のせいにしたり、社会のせいにしたりしている人がまま見受けられるように思えてしようがありません。

自分の境遇を変えることはできません。自らの外にばかり不幸の要因を求める限り、心のうちは永遠に満たされることはないはずです。一方、恵まれない境遇であったとしても、勤勉に働くことさえできれば、幸せをつかむことができます。

そうした「勤勉」ということについて、我々が模範とするべきが、二宮尊徳《にのみやそんとく》（金次郎）ではないかと私は考えています。

二宮尊徳は貧しい農家に生まれ、幼くして両親を亡くし、おじ夫婦に預けられて、子供の頃からたいへんな苦労を重ねました。しかし、鍬《くわ》一丁鋤《すき》一丁を持って、朝は朝星、夕は夕星をいただくまで田畑に出て働き、やがて荒廃した村を次々に立て直していきました。そのことを当時の藩主が知り、貧しい村を立て直すために、尊徳の力を借ります。

尊徳は、村が荒廃するのは、農民の心が荒廃しているからだと考えていました。そして、ただひたすら、鍬や鋤を手に、田畑を耕し続けます。その様を見て、農民も一生懸命に働き始めます。そうやって尊徳は次々と貧しい村を立て直していきました。

尊徳は晩年、その実績を買われて、徳川幕府に召し抱えられ、殿中《でんちゅう》に呼ばれるまでになります。明治時代に、内村鑑三《うちむらかんぞう》という人が、日本を西欧諸国に紹介しようと、『代表的日本人』という本を出版したのですが、そのなかで、二宮尊徳のことを次のように記しています。

「江戸時代に幕府に召し抱えられた二宮尊徳は、まさに貧農の生まれであった。それにもかかわらず、尊徳が裃《かみしも》を着けて殿中にあがったとき、まるで生まれながらの貴人のごとく振る舞った」

つまり、尊徳は高貴な生まれなのではないかと思わせるくらい、素晴らしく立派な立ち居振る舞いで、その様は大名諸侯と変わらないくらいであったといいます。

それは、尊徳が農作業というものを一つの修行としてとらえ、自らの人生観をそのなかで培《つちか》っていったからです。それはまさに、「労働が人格をつくる」ということです。

真面目に一生懸命に働くという行為こそが、人間を立派にしていきます。苦労する経験を避けていった人で、立派な人間性をつくり上げた人などいないはずです。若いときから一生懸命に働き、苦労を重ね、自らを鍛《きた》え、磨いていった人こそが、人間性を高め、素晴らしい人生を生きることができるのです。

今はどのような境遇であれ、人知れず、身を粉《こ》にして、懸命に働き続けることが大切です。そのように苦労を重ねることが、立派な人間性をつくり、豊かな人生をつくることになることをぜひ信じていただきたいと思います。

向上

一日一日を無駄に過ごすことなく
全力を尽くして生きていく。
そのような向上心を持って、
倦《う》まず弛《たゆ》まず努力を重ねていくことを
忘れてはなりません。

一歩一歩の努力の繰り返しが必要不可欠

自分自身を、現在の能力でもって評価するのではなく、能力というのは、未来に向かって開花していくということを信じることが大切です。

一日一日を無駄に過ごすことなく全力を尽くして生きていく。そのような向上心を持って、倦《う》まず弛《たゆ》まず努力を重ねていくことを私たちは忘れてはなりません。

植物の世界には、早く成長して実がなる「早生《わせ》」と、遅れて成長するがより大きな実をつける「晩生《おくて》」があります。同じように子供にも、最初から利発で聡明《そうめい》なタイプもいれば、はじめは勉強ができないけれど、だんだん頭角を現していくタイプもいます。

小学校や中学校であまり出来が良くないという子供でも、決して悲観することはありません。自分は晩生で、遅れて成長するタイプの人間だと考え、心を入れ替えて努力しさえすればいいのです。自分には、限りない可能性があるということを信じて、誰にも負けない努力をしていけば、人間は必ず大きく成長することができるのです。

私の幼い頃を振り返ってみたいと思います。

小学校の頃は、あまり勉強はしませんでした。宿題が出てもやっていかないものですから、しょっちゅう廊下に立たされ、先生に叱《しか》られるという、出来の悪い生徒でした。

私には学校の勉強よりももっとおもしろいことがありました。夏は、自宅のそばを流れる甲突川《こうつきがわ》でフナや鯉、エビやカニを捕るのに忙しく、冬は近くにそびえる城山《しろやま》でのメジロ獲りに夢中で、とても勉強どころではなかったのです。その結果、学校での成績はあまり良いものではありませんでした。

そんな出来の良くない子でしたが、中学校に行くときには、何を思ったか、よい学校に行きたくなって、鹿児島一の中学校を受験しました。しかし、当然のことながら受かりません。翌年も受験したのですが、やはり受からず、一年遅れで私立の中学校に行きました。

中学校に入学して、勉強をしてこなかったことを恥ずかしく思い始めました。

実際に、代数や幾何などの難しい数学の授業が始まると、小学校で算数を真剣に勉強していなかったためについていけませんでした。そのため、小学校の五年から六年の算数の教科書を引っ張り出して、一カ月ぐらいかけて、すべてをおさらいしました。すると、難しい数学にもついていけるようになったばかりか、数学が得意科目になり、成績は学年でも一番か二番になりました。

しかし、根が怠《なま》け者にできているせいでしょうか、高校に入ると、私はまた努力を怠《おこた》るようになり、放課後に学校のグラウンドで野球に明け暮れていました。終戦で家が焼け、貧乏になり、次男坊として親の手伝いもしなければならなかったにもかかわらず、遊び呆《ほう》けていました。

そんなある日、おふくろに懇々《こんこん》と諭《さと》されました。

「生活にゆとりのある友達の家庭とは違って、うちはきょうだいも多く、たいへん貧乏をしている。なのに、よう毎日毎日、放課後に野球をして遊んでおれるな。少しはお父さんやらお兄さんの苦労を考えて、家の手伝いをしたらどうだ」

そのとき、無理を言って高校に行かせてもらっていることに気がつき、大いに反省をしました。以来、野球友達と遊ぶのをぷっつりと止め、早く家に帰って、父親の手伝いをするようにしました。父親が戦前に印刷屋を営んでいた関係で、ちょうど紙袋の商売を再開したところでしたので、近所の方々が内職でつくってくださった紙袋の行商を始めたのです。

私と同じように、学校から早く帰っていくのは、真面目《まじめ》に勉強している同級生たちでした。彼らはみな大学進学を目指していました。そして、彼らから『蛍雪時代《けいせつじだい》』という受験雑誌を見せてもらいました。私は高校を卒業したら就職しようと考えていましたので、全くそのような雑誌の存在を知らなかったのですが、その友達から月遅れの『蛍雪時代』を借りて読んでいるうちに、「こんな世界があったのか、自分もその世界に行きたい」と思い始めました。

以来、紙袋の行商をしながら、本当によく勉強をしました。もともと学校の成績は上のほうではありましたが、そのときから勉強することに欲が出てきたのです。そして、高校を卒業する頃には、学校でトップクラスの成績になっていました。

しかし、残念ながら、志望した大学には受からず、地元の鹿児島大学工学部に入学することになりました。お金がありませんので、家から通える大学で良かったと正直思っていました。そして、いつも下駄を履き、ジャンパーを着て、学校へ通っていました。

高校の後半から勉強にがぜん興味が出てきたものですから、大学時代はガリ勉を通しました。学問に対する興味が湧いてきて、学校帰りは必ず県立図書館に立ち寄り、大好きな化学の本などを借りだして、よく勉強していました。大学の四年間は、誰よりも勉強したと言えるくらい、努力したことを思い返します。また、試験の成績も常に上位でした。

大学の試験では、たとえば物理はここからここまでの範囲で、いつに試験があると決まっています。ですから、その決まった範囲を、試験日までに復習しておけば、いい点数が取れるに決まっています。

ところが多くの同級生は、そのような勉強ができません。たとえば、友達が遊びに来て、「おい、映画を観に行こうや」と言われ、友達付き合いも必要だからと映画を観に行く。試験があるから、勉強をしなければならないと分かっているのに遊んでしまう。そのようにして、試験日までに十分な時間があったにもかかわらず、前日くらいに慌ててにわか勉強するものの、中途半端な状態で試験当日を迎えてしまいます。

そうして試験場に行き、「ああ、十分に勉強ができなかった。あそこをもっと調べてくればよかった。あそこから出なければいいのにな」と思いながら、試験を受けることになります。すると案の定、その分野が出題され、「しまった」とほぞを噛《か》むことになってしまうのです。

私は、そのようなことが大嫌いなのです。中学や高校のときに嫌と言うほどそのようなことを経験し、これほど悔しい思いをするなら、うんと前に勉強を終わらせようと決意しました。

試験はいついつの日にあって、その日までに調べ終わればいいと思っていても、必ず思わぬトラブルがあり、スケジュール通りに勉強ができないことがあります。そして、「しまった」という思いをする。そんな思いをするくらいなら、ずっと前倒しで勉強が終わるように計画をすれば、どんなことがあっても試験日までには勉強は全部終わるはずです。

そこまで十分な余裕をみたスケジュールで勉強すべきだと考えて、大学時代に試験勉強をするときは、だいたい試験日の十日ぐらい前にはすべて勉強を終え、満点が取れるようにしていました。

私は子供の頃に結核を患《わずら》ったことがあるせいか、風邪をひくと肺炎のようになり、高熱を出すことがよくあります。そうして試験が始まる前に寝込んでしまったことも二度三度あったと思いますが、それでも満点を取っていました。

以上お話ししてきましたように、私はもともと、決して勉強ができるほうではありません。ただ、「もっと勉強ができるようになりたい」「試験に完璧《かんぺき》に臨みたい」と強く思い、地道な努力を重ねました。その一歩一歩は小さな歩みでしかありませんでしたが、確実に私を成長させてくれました。

たった一回しかない人生を、漠然《ばくぜん》と無意味に過ごすことほどもったいないことはありません。一日一日をどのくらい真剣に生きるのか。日々の一歩一歩の努力の繰り返しによって、人生や仕事は絶えず向上していくのです。また、それが我々人間の価値をもつくっていくのです。

熱意

人生や経営では、
百メートルダッシュのスピードで
走り続けることは、
決して不可能なことではないのです。

誰にも負けない努力をする

私は、自分から会社をおこそうとしたわけではありません。先にお話ししたように、前の会社に勤めていたときに、技術的な問題で上司と衝突し、若気の至りで、「それなら辞めます」と言って、会社を飛び出してしまったのです。

他に行く先もなく、以前パキスタンの陶磁器会社の御曹司が技術研修で日本に来たときに、私が手とり足とり教えたことがあったのですが、その御曹司からの誘いを受けていました。当時、私の給料は一万五千円くらいだったと思いますが、そのパキスタンの会社は月給三十万円という、驚くような高給を用意してくれていたものですから、パキスタン行きを真剣に考えました。

しかし、大学時代の恩師から、「君は技術の切り売りをするのか。日本に帰ったとき、君は使いものにならない技術者になってしまう」と諭《さと》され、パキスタン行きを断念しました。そのとき、前の会社で私の上司だった人が友人とともに、「このままあなたの技術を埋もれさせるのはもったいないから、事業を始めたらどうだ」と、三百万円の資本金を出資し、会社をつくってくださいました。

中心になって支援してくださった方は、京都大学の電気工学出身で私の父親と同年代の方でした。お寺のご出身で、素晴らしい考え方の持ち主でもいらっしゃいました。「私は資本家として出資するのではありません。あなたに惚《ほ》れたから、この事業をやらせたいと思い、お金を出してあげるんです。だから、決してお金に使われるような経営をするんじゃありませんよ」とよくおっしゃっていたのを覚えています。

実際に、会社経営どころか株式についても全く知識がなかった私に株を持たせてくださり、「あなたが経営をしなさい」と全面的に信頼し、私にすべてを任せてくださいました。それが京セラという会社の始まりでした。

また、その方はご自身の家屋敷を担保に銀行から一千万円の借金をして、会社の運転資金まで用意してくださいました。奥さんも素晴らしい方で、自分の家が担保になり、新しい会社がうまくいかなければ、家屋敷を失うことになるのに、「男が惚れた人にお金を使ってもらえるなら、本望じゃないですか」とおっしゃってくださいました。

京セラとは、そのような人々の「心」をベースにしてつくっていただいた会社だけに、創業以来、絶対に潰《つぶ》してはならない、何としても借金を返さなければならないと、私は昼夜分かたず、それこそ誰にも負けない努力と熱意で、必死に経営に取り組んできました。

その様を、私はよくマラソンにたとえて社員に話していました。

「京セラとは京都に生まれたばかりの企業だ。いわば田舎《いなか》出の青年のようなものだ。その青年が、一生懸命頑張って長距離走の練習をしていた。その出で立《い》ちは、地下足袋《じかたび》に股引《ももひき》をはいたような、みすぼらしいものでしかなかった。しかし、その走りっぷりを見ていた人が、『少しは走れそうだ』と言って、後ろから背中を押してくれた。青年は前につんのめって、マラソンコースに出てしまい、企業間競争という経営レースを走ることになってしまった」

京セラの創業は、一九五九年でした。敗戦によって日本経済が崩壊し、企業が新たなスタートを切った一九四五年を、戦後日本における経営レースのスタートだとすると、たいへん遅れたスタートであったわけです。

レースには、老舗《しにせ》の大企業、つまり以前からマラソンの練習を重ね、経験や実績の豊富なベテラン有名選手が大勢走っていました。そのような企業は、四十二・一九五キロをどれくらいのペースで走破できるかというスタミナ配分をよく理解しています。また、戦後のヤミ成金としてのしあがった企業家もたくさん走っていました。彼らはその凄《すさ》まじい馬力を活《い》かして、積極的なレースを展開します。そのように、一九四五年から、有名選手や有力新人が入り乱れ、一斉にレースがスタートしていたわけです。

そこへ京セラという田舎出の新米ランナーが十四年も遅れてレースに参加したわけです。一年を一キロと考えれば、すでに十四キロ先を先頭集団が走っているという状況です。そのようななか、田舎出のアマチュアランナーがちょろちょろとマイペースで走っていたのでは、勝負にもなりません。

そこで私は、全力疾走、つまりマラソンレースを百メートルダッシュのスピードで走り始めたわけです。夜を日に継いで、それこそ死にもの狂いの熱意で仕事を続けました。すると当然のこと、社員や出資してくださった方々から、「そんな無茶なスピードで仕事をしたのでは身体を壊してしまう。企業経営というのは長丁場のレースであって、そんなに無茶苦茶に走っていたのでは、息切れしたり、途中で倒れてしまい、ゴールすることはできない」とよく注意されました。

しかし私は、どうせレースを走るなら、百メートルダッシュのスピードで走り、少しでも先頭集団との距離をつめておきたい。また、最初から成り立たない勝負なら、せめて前半くらいは飛ばしに飛ばして、自分たちの存在を少しは世間に認めてもらいたい、そう思って全力で走り続けたのです。

すると面白いもので、百メートルダッシュのスピードで走っても、潰れもせず、走り続けることができました。また、会社は大きく発展し、前を行く先行大企業を追い越し、業界ナンバーワンの会社となることができました。

現実のマラソンではともかく、人生や経営では、百メートルダッシュのスピードで走り続けることは、決して不可能なことではないのです。

ぜひ皆さんも、人生において安易に楽な道を選ぶのではなく、誰にも負けない努力とほとばしるような熱意を持って、一日一日をど真剣に走り続けていただきたいと思います。

四　誠実であること

——正しいことを正しいままに追究する

真摯《しんし》

常に正しい道を踏み、
誠を尽くして
仕事をしていかなければなりません。
相手に迎合《げいごう》したり、
「うまく世渡りできるから」といって
妥協するような生き方をしてはならないのです。

いかなる障害があろうとも、自分に正直に生きる

人間というのは、行き詰まると、良心では決してよくないとわかっていても、「このくらいはいいだろう」と、つい悪いことをしてしまいます。極端な場合、「結果よければすべてよし」などとうそぶき、自分を納得させ、悪事に手を染めてしまいます。

常に正しい道を踏み、誠を尽くしていかなければなりません。相手に迎合《げいごう》したり、「うまく世渡りできるから」といって妥協するような生き方をしてはならないのです。どんなに難しい局面に立っても、正道《せいどう》を貫き通す、つまり人間として正しい考え方を貫く真摯《しんし》な生き方をするべきであると、私は考えています。

そのことで思い出すのは、京セラを創業する前に勤めていた会社での出来事です。

私は大学を卒業して入社したわけですが、先にお話ししたように、フォルステライトと呼ばれる、高周波絶縁性に優れた新しいファインセラミック材料の開発に成功し、

私の率いる開発部隊は独立し、私は入社二年目で職場を実質的に仕切る立場になりました。

もともと私は子供の頃から、不正なこと、良心に反すること、不真面目《ふまじめ》なことが許せないという強い正義感を持っていました。そのこともあり、自分の部署だけは、少なくともみんなが正しいことを求め、また生きがいを求められるような職場にしたいと考えていました。

勤めていた会社は、送電線に使われる絶縁体である碍子《がいし》を製造する老舗《しにせ》メーカーでしたが、戦後は業績が低迷し続け、労働争議が頻発していました。

そのため、赤字続きで待遇も悪く、みんな勤務時間中に一生懸命に働かず、必要のない残業をして、残業代を稼ぐということが常態化していました。しかし、それでは人件費が高くついて製品コストに跳ね返ってくると考えた私は、残業禁止を打ち出しました。

そうすると、働く人たちにとってはたいへん不満でした。よその職場ではみんなダラダラと残業して残業代がもらえるのに、私の職場だけは日中、一生懸命に働かされたうえに残業代は一銭ももらえないというので、みんなから文句が出ました。

そんな職場のメンバーに対し、私は次のように言いました。

「今、皆さんに苦労をかけていますが、残業することなく低コストでつくってもらえれば競争力がついて、必ず将来は嫌というほど注文がきて、残業したくないと思うくらい残業してもらうようになります。それまで頑張ってください」

そのうちに、心ある人は私に賛成してくれるようになりましたが、「管理職でもないくせに、経営者以上に厳しい要求で従業員をいじめる」ということで、結局、労働組合で査問委員会にかけられました。いわゆる「人民裁判」で罪状を列挙されて吊るしあげに遭《あ》いました。

会社の玄関を入ると正面に池があり、その脇《わき》に碍子を入れる木箱をいくつも積み上げて、その上に立たされたことを覚えています。

「こんな会社のまわし者みたいなやつが我々のようなか弱い労働者をこき使って、会社に媚《こ》びを売るようなことをしている。こういうやつがいるから、我々労働者は難儀《なんぎ》するのだ。こういう男は辞めさせるべきだ」

そのような発言を皮切りに、木箱を取り囲んでいた組合員たちは、私を晒《さら》し者にしてやろうと一斉にはやし立てました。

しかし、私は敢然《かんぜん》と次のように反論しました。

「私をクビにしようという組合幹部の皆さん、私を問題にした人たちは、私がいくら現在の会社の苦境を訴え、働いてくれるように言ってもサボタージュをして仕事をしません。そういう人たちを大事にしていけば、必ずこの会社は潰《つぶ》れます」

「会社が潰れるようなことをして平然としているこの人たちの言い分が正しいのか、それとも正道を貫く私の言い分が正しいのか、それは皆さんが判断されることです。それでも皆さんが私に辞めろと言うなら、喜んで辞めましょう」

そのように啖呵《たんか》を切ったことがありますが、どうしても私自身の正義感が私をしてそう言わしめ、いかに自分に不利な状況になろうとも正道を貫き通そうとさせるのです。

あるときには、私がたいへん厳しいことを言うものですから、従業員から糾弾《きゅうだん》されたばかりか、その人たちの差し金で、夜に数人が待ち伏せして、私を襲撃してきたことがありました。そのときに怪我をした傷が今でも顔に残っています。

彼らにしてみれば、私を懲《こ》らしめれば、明日からもう会社には出てこないだろうということだったと思いますが、翌朝、包帯をグルグル巻きにしたまま会社に出ていったものですから、みんながビックリして、それ以降、そのような脅しをしてこなくなりました。

私は自分が正しいことをしていると信じていました。同時に、「なぜ、正しいことをしているのに理解してくれないのか。いや、理解してくれないどころか、なぜみんなから嫌われるのだろうか」と、たいへん悩み、孤独も感じていました。

そして、仕事が終わった深夜に、寮の横を流れる小川の岸辺にひとり座り、泣きながら田舎《いなか》のことを思って、唱歌「故郷《ふるさと》」の一節「兎《うさぎ》追いし　かの山…」を口ずさんでいました。それがいつの間にか寮のなかにも知れわたり、「また稲盛が小川のほとりで泣いている」と有名になったほどです。歌を歌いながら、孤独に耐えて、自分の志を貫こうとしていたのです。

また、そのときに次のようによく自問自答していました。

「自分は正しいことを言っているつもりだけれども、そのために職場の人間関係に角が立ち、部下たちは不満を持つようになった。世の中をうまく渡っていくには、自分の信念を曲げ、少しくらいみんなに迎合する生き方のほうが正しいのだろうか」

しかし、いくら考えてみても、そうは思えないのです。「部下から嫌われるかもしれないが、やはり正しいことは正しいと主張しなければならないはずだ」という結論に最後は必ず落ち着き、改めて勇気を奮《ふる》い起こして、寮に戻っていきました。

私は、自分が正しいと信じる道を、ただひたすら歩んで行こうと努めていました。そのような私の姿勢にひかれ、多くの上司、先輩、そして部下が私についてきてくれました。そして彼らが京セラの創業メンバーとなり、発展の担い手となってくれました。

「人間として何が正しいのか」と自分に問い、正しいと信じる道を貫き通す。困難なことではあると知りながらも、正道を愚直に貫く。そのような真摯な姿勢は、一時的には周囲の反発を買い、孤立を招くかもしれません。しかし、人生という長いスパンで見るならば、必ずや報われ、実りある成果をもたらしてくれるはずです。そのことを信じて、妥協しない生き方を選ぶことが大切です。

意志

高い目標を達成したいならば、
「何としても、まっすぐに頂上を目指して、
登っていく」という強い意志を抱き、
垂直登攀《とうはん》の姿勢で挑まなければなりません。

高い目標をあえて定め、真正面から取り組む

京セラという会社は、京都の中京区西ノ京原町《はらまち》というところで、宮木電機という会社の倉庫を借りて始まりました。

当時のことをよく知る京セラの元幹部は、その頃私が従業員に次のようによく話していたと言います。

「せっかく京セラという会社ができたのだから、頑張って、まず原町一の会社にしよう。原町一になったら、今度は中京区で一番の会社にしよう。中京区で一番になったら京都一に、京都一になったら日本一に、日本一になったら世界一の会社にしようではないか」

そのようなことを、創業間もないときに、私がことあるごとに話していたというのです。

会社に来る途中に、京都機械工具という会社がありました。スパナやレンチといっ

た自動車の整備用工具などをセットにして自動車メーカーに納めている会社で、朝から晩まで槌音《つちおと》を立てて休まず仕事に励んでいる従業員の姿を私たちは常日頃から垣間見ていました。

夜中の十一時、十二時ぐらいに私が帰ろうとすると、まだ頑張って働いている。そして、翌日の早朝に私が出勤してきても、同じように一生懸命作業している。本当にいつ寝るのだろうと思うぐらいでした。

ですから、原町一になろうと言ったけれども、原町一になるにも、この京都機械工具を超えなければなりません。まして中京区一になろうと思うと、のちにノーベル化学賞受賞者を出すことになる島津製作所が電車道の向こう側にありました。私も化学が専門で、大学時代には島津製作所の測定器を使っていましたから、その優れた技術力はよく知っていました。

中京区一になるだけでも、その島津製作所を超えなければならないわけですから、途方もないことだと思いながらも、「中京区一、京都一、日本一、世界一」という夢を唱え続けました。

同時に、世界一になろうと思うなら、それに合うような哲学、考え方がいるはずだと思いました。そのことを私は山登りに譬《たと》えて考えていました。

学校のワンダーフォーゲル部のように、近所の小高い丘にハイキング気分で登っていくのと、世界最高峰の、それも冬山に登っていくのとでは、装備も違うだろうし、トレーニングも違うはずです。

では、京セラはどの山を目指すのか。ベンチャー企業を立ち上げ、中小・中堅企業として上場を果たして、そこそこの会社に発展したら、それを成功と見るのか、それとも、世界一を目指して誰にも負けない努力を重ねながら、常に向上し続けるのか。

前者であるならば、そこそこの装備、つまり小高い丘という低い目標にふさわしい程度の哲学、考え方で十分かもしれませんが、後者の世界一を目指すのであれば、それにふさわしい生真面目《きまじめ》で高邁《こうまい》な哲学、考え方が求められるはずです。

そのことを、私は従業員に次のようにも話していました。

「私が人生で成し遂げたいのは、この上なく峻険《しゅんけん》な山を登るようなことだ。前の会社で研究をしているときも、自分の身の程も考えずに、登れそうにもない山に登ろうとしていた。今も、垂直にそびえ立つ岩壁にとりついて、ロッククライミングのようにして攀《よ》じ登っていこうとしている。みんなもぜひ私の後からついてきてほしい」

ところが、そのような峻険な山に垂直登攀《とうはん》で登っていくわけですから、手を滑らせたり、足を踏み外したりしたら、千尋《せんじん》の谷へまっさかさまに落ちていきそうだというので、誰もが手が硬直し、足がすくみ、恐怖心におびえています。「私はもうついていけません。辞めたいです」と言う人も出てきます。

そういう状況のなかでも、私は敢然《かんぜん》と登っていくわけですが、ふと次のように自問することもありました。

「そういう厳しい生き方にはついていけない、と皆が思っているのではないか。そうであれば、何も垂直登攀で登っていく必要はないのではないか。もっと迂回《うかい》して、裾《すそ》のほうからゆっくり登っていく方法だってあるのではないか」

しかし、私は自分の心に問い、「いや、私はそんな悠長《ゆうちょう》な方法はとらない。それは悪魔のささやきだ」と思い直すことが常でした。

高い目標である峻険な山をゆっくり迂回しながら登っていくということは、世間や常識に妥協して、いや、自分自身にも妥協をして生きていくということです。そのような姿勢では、結局は当初描いていた目標にはるかに達しないままに一生を終えてしまいます。

私は、高い目標に確実に到達するためには、誰もついてこなくても、自分が滑落《かつらく》するかもしれなくても、岩場にとりついて、危険を冒して垂直に登っていこうと思いました。

しかし、そうなれば、一緒に京セラをつくってくれた七人の仲間たちも、一人もついてこないかもしれない。そのような恐怖心もありました。

同じ頃、私は家内に、「皆ついてこなくなっても、お前だけはおれを信じてついてきて、おれの尻だけでも押してくれよ」と言ったことを今でも覚えています。

それは、妻に対する「殺し文句」ではなく、誰もついてきてくれないのではないか、ということが本当に怖くて怖くて、「お前だけはおれを信じてほしい」と真剣に願っていたことから口にした言葉でした。

「妻一人でも私を信じ、どこまでもついてきてくれるなら、どんな困難があろうとも、私は絶対に垂直登攀をやめない」と強く心に決めました。

実際には、前の会社を退社するとき、一緒にセラミック原料の粉にまみれて働いていた七人の仲間たちが、私を信じ、ついてきてくれました。そして、そのような心と心で結ばれたメンバーとともに京セラを創業し、その後も垂直登攀を貫いてきました。

高い目標を達成したいならば、「何としても、まっすぐに頂上を目指して、登っていく」という強い意志を抱き、垂直登攀の姿勢で挑まなければなりません。峻険な岩山であろうと、真っすぐに登っていくという思いを持ち続ける。それこそが、人生において事を成すための要諦《ようてい》です。

勇気

勇気とは腕っぷしに自信があるとか、
ケンカに強いといった蛮勇《ばんゆう》ではない。
もともとはおとなしい性格で、
怖がりで慎重な人間が、
修羅場《しゅらば》を何回もくぐり、
場数を踏んで度胸をつけていくなかで
身につくのが真の勇気です。

自分を捨てることができる人は強い

見るからに腕力があり、豪快で大言壮語《たいげんそうご》するような人間には度胸があり、頼りがいがあるように思えますが、いざというときには役に立たないことが多いものです。私はそのような、実際には頼りにならない口先だけの人に何人も出会ってきました。逆に、どちらかというと普段はビビリでおとなしい、繊細なタイプの人のほうが、いざというときに勇気を発揮してくれることにも気がつきました。

そのようなこれまでの私の経験を振り返りながら思うのは、勇気とは腕っぷしに自信があるとか、ケンカに強いといった蛮勇《ばんゆう》ではない、ということです。もともとはおとなしい性格で、怖がりで慎重な人間が、修羅場《しゅらば》を何回もくぐり、場数を踏んで度胸をつけていくなかで身につくのが真の勇気です。

そのように思うようになったのは、私自身がもともとビビリで小心者であったからかもしれません。子供の頃の私はたいへんな泣き虫でした。小学校低学年の頃には、家では内弁慶で暴れ回っているにもかかわらず、なかなか一人で学校に行けませんでした。母親がついてきてくれれば学校に行くのですが、母親が私を教室に入れて帰ろうとすると、ワッと泣き出すというような弱虫でした。

その後、ガキ大将になったとはいえ、生まれつきの性格は変わっておらず、大学を卒業して鹿児島から京都に出てきたのちも、鹿児島弁しか話せなかったため、標準語で応答しなければならない電話を恐れていました。そばの電話が鳴ろうものなら、誰か他の人に出てもらうようにしていたくらいです。そういう頼りない田舎《いなか》出の青年でしかありませんでした。

そんな私でしたから、京セラ創業当時は、果たして経営者として務まるのかどうか、たいへん不安でした。自分が経営者やリーダーとして適任なのかどうか、自信などなかったどころか、疑問さえ持っていました。

しかし一方で、二十七歳の青年でしかない私を信頼して、自分の人生をかけてついてきてくれた七名の仲間たち、また人生に明るい希望を抱く、中学を卒業したばかりの二十名の幼い社員たちを絶対に路頭に迷わせてはならない、という強い思いが湧きあがりました。何としても、この会社を潰《つぶ》してはならない、何としてもこの事業を成功させなければならないという一念で、私の頭はいっぱいでした。そうした「会社を守らなければならない」「従業員を守らなければならない」という義務感、責任感が私に勇気を与えてくれました。

そのことで思い出すエピソードがあります。

京セラ創業時に間借りをしていた倉庫だけでは生産が追いつかなくなり、新しく滋賀県に工場をつくり、従業員が京都と滋賀を行き来するようになってからのことです。ある日の深夜、警察から「あなたの会社の従業員が、滋賀県の国道で人をひいて、死なせてしまった。すぐ来てほしい」との電話を受けました。夜中の二時か三時だったと思いますが、すぐに現場に飛んでいきました。

警察の方に事情を聞いてみますと、その従業員が深夜、車を運転して滋賀工場に資材を運び、京都に帰ってくる途中で、国道に飛び出してきた男の人を避ける間もなくひいてしまったといいます。亡くなられたその方は、酒を飲んで居酒屋から出てこられた後だったようです。

車を運転していた従業員は、大学を卒業して勤め出してからまだ一年か二年しかたっていない若い子で、たいへん真面目《まじめ》な青年でした。私が現場に着いたとき、その従業員は自責の念で正気を失ったように泣き叫んでいました。警察の方も、車が行き交う国道に今にも彼が飛び込んで、自殺をしてしまうのではないかと心配するほどでした。

ちょうど小さな食堂が、現場の五十メートルぐらい先にありましたので、私は警察に許可をとって、その従業員を落ちつかせるため、そこへ連れていきました。「夕べから飯も食っていないではないか。とりあえず、食事をしろ」と諭《さと》しました。しかし、その従業員は箸《はし》をつけず、泣き続けていました。仕方なく、片隅のいすで少し休むように言い、私は一睡もせず、夜が明けるまで傍らで見守っていました。

朝、警察の取り調べを受けた後、亡くなられた方の家に従業員を連れてお詫びに行きました。しかし、事故を起こした従業員は足がすくんでしまい、家の玄関にも上がれないくらいでしたから、私が先頭に立って、かくかくしかじかの者の会社の社長だと名乗り、お詫びを申し上げました。

「うちの従業員が、取り返しのつかないことをしでかしました。お詫びのしようもありません」と、畳に頭をつけて言いました。しかし、遺族からは、「帰れ！　うちの人を返してくれ！」と罵声《ばせい》を浴びせられました。すでにご遺体も安置され、親戚の方々も多数集まり、その場は私たちにとっていたたまれないものでした。

従業員は、私の背中に寄り添い、ただただ泣いていました。私は彼をかばいながら、「申しわけありません。うちの従業員がしでかしたことですので、どんなことがあっても、私が責任を取らせていただきます。今日はなんとしてもお線香だけは上げさせてください」と、お願いしました。誠意が少しは通じたのか、焼香はさせていただきました。

その家から帰る途中、従業員には、「すべての責任は会社を経営している私にある。私が全部処理するから、心配するな。元気を出せ」と言い聞かせました。錯乱状態になっていた従業員も、ようやく正気を取り戻してくれました。

その後、亡くなられた方のご家族には、当時の京セラとしてできる限りのことを償わせていただきました。不十分であったかもしれませんが、結果的にはご家族の方からの理解も得ることができました。

この事故のとき、私はまだ三十歳になるかならないかの頃でした。このような対応は、経験もありませんし、普通の精神状態であれば、私も怖くてビビっていたかもしれません。しかし、なんとしてもこの従業員を守らなければならない。この子の起こした事故に対して償いをしなければならない。その思いによって、心のなかから思わぬ勇気が湧き起こり、一歩も逃げることなく、目の前の問題に真正面から取り組むことができました。

そうした経験からも、どのような困難に遭遇しようとも、勇気を持って事に当たることが、たいへん大事だと私は思っています。

この勇気を生み出す源泉が、相手への思いやりです。自分を捨て、自分はどうなってもいいと思い、相手のために尽くそうとすれば、真の勇気というのは出るものです。

五

創意を凝《こ》らすこと

――昨日よりは今日、今日よりは明日、明日よりは明後日と改良改善する

完璧《かんぺき》

最後の一%の努力を怠《おこた》ったがために、
すべてが無に帰してしまうことがあります。
自分自身の努力を実りあるものとするためにも、
常にパーフェクトを求めなければなりません。

パーフェクトを求める姿勢が自信をつくる

私は、若い頃から「完全主義を貫く」ことをモットーにしてきました。「完全主義を貫く」というのは、私自身の性格から来るものであると同時に、研究開発という創造的な仕事に従事した経験から言い始めたことです。

人が全くやったことのない研究開発テーマにチャレンジする場合、試験データなど他に較べるものがないわけですから、自分の手で触り、足で確かめ、すべてのことを自分で証明しながら進んでいかなければなりません。つまり、自分自身というものをコンパスにして進む方向を定めなければならないわけです。

そのときに最も大事なものは、自分自身に対する自信です。人間として、また技術的にも、自分自身に対して確信が持てる。そういう確かなものを持っていなければなりません。自分自身にパーフェクトであるという自信のない人が、中途半端な心構えで取り組み、その結果にも自信が持てない。それでは、創造的なことは絶対にできません。

セラミックスを例にとれば、たとえば何種類かの原料を混ぜる場合、原料を一種類でも入れ間違えば、また、入れる分量を間違っても、混ぜ方が悪くても、望む特性を持ったものはできません。

実際、私が実験をしていたときに、このようなことがありました。

実験室で原料の粉末を混ぜるときは、メノウでできた乳鉢《にゅうばち》と乳棒を使っていました。「こういうセラミックスを合成しよう」と考えて、計算した分量の原料を入れ、乳鉢で混ぜるわけです。混ぜていく時間が長ければ長いほど、原料は完全に混ざりますが、どれだけ時間をかければ混ざるのかという問題があります。

セラミックスをつくるには、酸化マグネシウム、酸化カルシウムといった原料の粉末を混ぜます。メリケン粉などを想像してもらうとわかりやすいと思いますが、たとえば色の違ったメリケン粉を混ぜるとしましょう。最初、まだら状に見えていたものが、一生懸命に混ぜていくうちに、均一になってきます。液体の場合だとこれで均一に混ざったことになるのですが、固体ですから、いったいどういう状態になれば完全に混ざったと言えるのかわからないわけです。

粒がもっと小さくなって、直径千分の一ミリほどになっても、ミクロで見ればやっぱり完全に混ざってはいません。ですから、よく混ぜてものをつくろうと思っても、どこまで混ぜればいいのかということが問題になってくるわけです。

乳鉢で混ぜても、「ポットミル」という、回転させてなかのものを混合粉砕《ふんさい》する器具で混ぜても、完全に混ざったというのは、どの時点を言うのか、判断に困るわけです。

ですから私は、乳鉢で原料を混ぜながら、「混合という工程一つとっても、たいへん難しいことだ。しかし、すべてのプロセスが完全に行われなければ、自分の理想とするセラミックスはつくれない。完璧《かんぺき》なものづくりをするためには、どうすればいいのか」ということを常に考えていました。

仮に、ある工程でちょっとした不注意で失敗してしまえば、それまでにつぎ込んだ材料代から加工賃、電気代、あらゆるものがすべて無駄になるわけです。

それは、会社に損害が出るだけではなく、そのために納期が遅れてお客様にまでたいへんな迷惑をかけることにもなります。

京セラがまだ小さかった頃は、ほとんどお客様からの受注生産でした。営業がお客様のところに行って打ち合わせをして、「こういうセラミック部品をつくって、いついつまでに納入してくれ」と言われ、「必ず間に合わせます」と答えて引き受けてきます。お客様は約束した納期に合わせて、その部品を組み込んだ機器の生産予定を立てますから、必ずその期日までにつくって納めなければなりません。

しかしそのようなときに限って、もうギリギリのところでちょっとしたミスをして不良となってしまう。その製品が原料を混ぜてから完成するまでに延べ十五日間かかるものであれば、最終出荷の手前で失敗すると、さらにあと十五日かかるわけです。お客様にも「あと十五日間待ってください」と言わなければなりません。

するとお客様から、「おまえのところみたいなボロ会社に頼んだばっかりに、生産計画に狂いが生じてしまうではないか」「二度と取引はしない」と営業がこっぴどく叱《しか》られ、半ベソをかきながら帰ってきます。それをもう一度お客様を訪ね、誠心誠意説明し、何とか許してもらって、できるだけ早く納品する。そういう辛酸《しんさん》をなめてきたからこそ、わずかなミスでもたいへんなことになることを身にしみて知っているのです。そのために京セラは完全主義をポリシーとして今日まで貫いてきました。

つまり、製造から納品までの全工程において、たとえわずかコンマ何パーセントというミスであっても、それまでの努力がすべて水泡に帰してしまうわけですから、一瞬の気の休まる間もないくらいの完全主義を貫き、パーフェクトを狙っていかなければならない。これがものづくりの世界です。

人生や仕事でも、最後の一％の努力を怠《おこた》ったがために、すべてが無に帰してしまうことがあります。自分自身の努力を実りあるものとするためにも、常にパーフェクトを求めなければなりません。

挑戦

新しいことを成し遂げるには、
「何があってもこれをやり遂げるのだ」
という、闘争心が必要です。
どんな障害に遭遇しようとも、
それを乗り越えて努力を続けていく
というタイプの人でないかぎり、
チャレンジをしてはならないのです。

決してあきらめない不屈の闘争心を持つ

チャレンジという言葉は勇ましく非常にこころよい響きを持つ言葉ですが、新しいことを成し遂げるには、「何があってもこれをやり遂げるのだ」という、闘争心が必要です。さもなくば、チャレンジという言葉を口にしたところで、ただうつろに響くだけです。どんな障害に遭遇しようとも、それを乗り越えて努力を続けていくというタイプの人でないかぎり、チャレンジをしてはならないと私は思います。

さまざまなかたちの困難や圧力が襲いかかるとき、私たちはえてして、ひるんでしまったり、当初抱いていた信念を曲げてしまうような妥協をしがちです。こうした困難や圧力をはねのけていくエネルギーのもとは、その人の持つ不屈の闘争心です。「絶対に負けない、必ずやり遂げてみせる」という激しい闘志を燃やさなければなりません。

私は京セラの社内でよく、「もう、駄目《だめ》だというときが仕事の始まり」ということを言ってきました。それは、私自身の若いときの経験から言い出したことです。

私は京セラを創業して間もない頃から、明日の食い扶持《ぶち》を確保するために、新規客先の開拓を目指し、飛び込み営業を続けていました。しかし、知名度も信用も実績もない当時の京セラでは、売り込みに行っても、すげなく断られることがほとんどでした。

一番悔しかったのは、ある大手電機メーカーを訪問したときのことです。その頃は本当に何も知らず、真空管を製造している部門の技術者に会わせていただきたいと、いきなり訪問し、守衛さんにお願いしたのですが、「急に来られても駄目です」と門前払いの扱いを受けました。

それでもあきらめずに、何度目かの訪問で、ようやく技術者に会わせていただきました。しかし、その技術者の方が言うには、「あなたはうちの会社をよく理解しておられません。当社はある財閥系の企業です。だから、セラミック製品は、同じ系列の企業から買っています。京セラのような、系列でもない、実績もない無名の会社の人に突然来られても、そこから買うことは絶対にありません」と、けんもほろろに断られました。

そういう系列取引を含め、眼前に立ちはだかる障害を突破するにはどうすればいいか、当時の私にもわかりません。同行した若い営業マンも落胆していましたが、私はリーダーとして、うなだれているわけにはいきませんから、「断られたときが仕事の始まりだ。困難な状況をどうやって打開するのかを考えることこそが仕事なんだ」と、挫《くじ》けそうになる若い営業マンを奮《ふる》い立たせながら、自分自身にもそう言い聞かせていました。

そうして、どんなに難しく困難な状況に襲われようとも、決してあきらめることなく、粘《ねば》り強く、お客様を訪問し続け、受注活動に努めていきました。その努力を譬《たと》えるなら、水滴が大きな岩をうがつようなものでした。つまり、たった一滴の水では岩をくりぬくことはできませんが、それを果てしなく続けることで、やがて水滴といえども、岩をもうがつことができるのです。

そんな強い意志で挑戦し続ければ、血路は必ず開きます。実際に、京セラはその後、系列でもなく、信用も実績も何もなく、取引は不可能だと思われたその会社から、セラミック製品を受注することができました。それは、その他の大手エレクトロニクス企業も同様でした。

京セラとは、そのようにして、強い意志を持って困難に挑戦し、不可能だと思われた受注を獲得し、さらにはそのいただいた注文がいかに難しいものであっても、何としても約束通りにお客様に納入をさせていただくように努め、新しい顧客を次々に開拓し、業績を拡大してきた会社です。

その際、大切なことは、可能性を信じ、解決の道を探り続けるということです。私はどのような困難な局面でも、「今までの手法では駄目だが、他に方法はないか。必ず血路を開く手立てがあるはずだ」と、懸命に打開策を考え続けました。いかに厳しく困難な状況であっても、あらゆる条件を考え尽くし、困難な状況を克服するための、具体的な方法を考えていくのです。

チャレンジを成功に導くということは、そのような創意工夫、つまり課題解決に向けて具体的な方法を考えることと不即不離《ふそくふり》です。チャレンジとは、ただ単に強く勇ましく、粘り強いということだけではありません。また、可能性を信じるだけでもありません。どうすれば困難な局面を打開できるのかという具体的な方策を徹底的に考え尽くすということがなければなりません。

いかなる困難があろうと、可能性を信じ、決してあきらめることなく、粘り強く考え続け、あらゆる創意工夫を重ね、「これでもか、これでもか」と、誰にも負けない努力を重ねることでこそ、困難に思えた局面も打開し、チャレンジも成就《じょうじゅ》していきます。

工夫

一日の創意工夫は
わずかな一歩でも、
その積み重ねはやがて
大きな革新に至る一歩になります。

今日一日に全力を傾注し、常に創造的な仕事をする

私は、従業員が百人にも満たない頃から、「京セラは世界的視野に立って世界の京セラへ前進する」と言ってきました。小さな会社でありながら世界に目を向けるということは、まさに高く大きい目標を持つことです。自ら大きな目標を設定すれば、そこに向かってエネルギーを集中させることができ、想像もつかないような偉大なことが成し遂げられるからです。

しかし実際には、その高い目標を目指すのではなく、一日一日を一生懸命に生きることに努めました。

「今日一日、一生懸命に生きれば、明日は自然に見えてくる。明日を一生懸命に生きれば、一週間が見えてくる。一週間を一生懸命に生きれば一カ月が見えてくる。一カ月を一生懸命に生きれば、一年が見えてくる。今年一年を一生懸命に生きれば、来年が見えてくる。その瞬間瞬間を、全力を傾注して生きることが大切だ」

そう考え、まずは日々の目標を着実に達成すべく懸命に努力を重ねていました。はるかに高い目標を掲げながら、自分の歩みがあまりにも遅々として進まない場合、たいていの人は目標への到達をあきらめてしまいます。ところが、私の場合には、目の前の一日しか見ていませんでした。頑張って働くと、一日はすぐに過ぎてしまいます。しかし、その毎日毎日の歩みが積み重なって、かつてはとても遠かった世界一という目標を達成することができるのです。

あまりにも遠い道のりを歩こうと思うと飽きもするし、自分の力のなさを感じてしまい、頓挫《とんざ》してしまいます。遠く掲げた目標は潜在意識にしまっておいて、目の前の一日一日を着実に歩み続ける。そうすれば、とてつもない所まで歩いていけるものです。

そうは言うものの、地味な仕事を毎日毎日繰り返していると、だんだん張り合いがなくなってきます。そこで私は、地味な仕事を嫌にならないコツであると同時に、地味な努力を加速させていく方法を自分なりに考えました。それが「創意工夫をする」ということです。

創意工夫といえば一見、難しそうに聞こえますが、それは、今日よりは明日、明日よりは明後日と、必ず改良改善を加えていくということです。同じ研究、同じ仕事をするにしても、今日はこんな方法でやってみる。明日はさらに能率のいい方法を考えていく。私は常にそういう工夫をすることを心がけてきました。そうした創意工夫がやがては、自分でも想像できないような素晴らしい進歩発展をもたらしてくれます。

一日の創意工夫はわずかな一歩でも、その積み重ねはやがて大きな革新に至る一歩になります。そのことは、京セラの歩みが証明してくれています。

京セラ創業当時、ファインセラミックスは寸法精度や特性を出すことが難しく、工業用材料としては認められていませんでした。しかし、業界で最も後発で、最も弱小であった京セラが、歴史ある先発大企業さえ尻込みした、高度なスペックの新製品や、コストが合いそうもない難しい製品の開発に挑戦し、次々と成功させていったのです。また、従来は想像もできなかった、新分野への応用を図り、新市場開拓にも努めました。

そのような京セラのチャレンジによって、今やファインセラミックスは、人々の暮らしに欠かすことのできない工業材料として、さまざまな分野で用いられるようになっており、とりわけ最先端技術の分野で活用されています。

たとえば、世界で初めて小惑星から物質を持ち帰ることに成功した日本の小惑星探査機「はやぶさ」のリチウムイオン電池には、強度・耐食性・耐熱性・絶縁性に優れた京セラのファインセラミック部品が使われています。また、日本が誇るスーパーコンピュータ「京《けい》」の心臓部にも、京セラの「セラミックパッケージ」が使用されています。

京セラが、このようにファインセラミックス分野のパイオニアとして、産業界や科学技術の進展に貢献することができているのも、常に創造的な仕事を心がけ、今日よりは明日、明日よりも明後日と、限りなく創意工夫を重ねていくことで得られた成果です。

夢の実現とは、日々の地味な努力の積み重ねによってもたらされるものに他なりません。

六

挫折《ざせつ》にへこたれないこと

——災難は天が与える素晴らしい贈り物

苦難

困難や逆境というものをネガティブにとらえ、
悲嘆に暮れるのではなく、
志をより堅固にしてくれる
格好の機会ととらえて
敢然《かんぜん》と立ち向かうことが大切です。

艱難辛苦《かんなんしんく》を耐えて、人は成長する

私は子供の頃、両親から「若いときの難儀《なんぎ》は買ってでもせよ」とよく諭《さと》されました。そのたびに「売ってでもするな」と反発したものですが、今思い返せば、親の言ったことはやはり正しかったと思います。

苦労とは、自分自身を見つめ直し、成長させてくれるまたとないチャンスです。「艱難汝《なんじ》を玉《たま》にす」という言葉にもあるように、苦労というものがあって初めて、人間は磨かれます。苦労をしなくて人間性が高まるはずはありません。

困難や逆境というものをネガティブにとらえ、悲嘆に暮れるのではなく、志をより堅固にしてくれる格好の機会ととらえて敢然《かんぜん》と立ち向かうことが大切です。

明治維新の立役者であり、私の郷里鹿児島の偉人である西郷隆盛は、次のような経験をしています。

ペリーの来航を迎え、日本国内で天皇を尊び、外敵を斥《しりぞ》けようとする尊皇攘夷《そんのうじょうい》思想が台頭し、西郷隆盛もその思想に走りました。しかし、幕府は安政《あんせい》の大獄《たいごく》といわれる大規模な取り締まりを開始します。京都の清水寺にいた、西郷の同志であった僧侶は、この尊皇攘夷を支援していたため、幕府に追われることになります。二人は日本の将来について語り合った仲であるだけに、西郷は彼を伴い、薩摩《さつま》に逃げ帰ります。

ところが、西郷を登用した先代の藩主は亡くなっており、薩摩藩の実権はその腹違いの弟が握っていました。その意向もあり、薩摩藩は僧侶を匿《かくま》おうとはしません。西郷は、僧侶を守れない自分の不甲斐なさを恥じ、彼とともに錦江湾《きんこうわん》に身投げをしました。波間に漂っている二人を漁師が見つけ、救出しましたが、僧侶は息絶え、西郷は奇跡的に生き返ります。

盟友の僧侶が亡くなり自分だけが生き恥をさらすのは、潔《いさぎよ》さを大切にする薩摩藩の武士にとって、堪《た》えがたい屈辱でした。そのため、親戚をはじめ周囲にいる者はみな、西郷の自害を恐れて、周辺から刃物を全部隠してしまったそうです。

藩も西郷の処置に困ります。若くして高い人望を得ていた西郷を放っておくわけにもいかず、かといって幕府の手前もあるだけに、苦慮の末、名前を変えて身を隠すことにしました。西郷は錦江湾で身投げをして死んだとして、変名した西郷を奄美大島《あまみおおしま》に島流しにしました。

当時、奄美大島は薩摩藩の過酷な圧政を強《し》いられ、貧困にあえいでいました。その貧しい島で二年近く幽閉されることになりました。西郷はその受難の間も、四書五経《ししょごきょう》など中国の古典や陽明学《ようめいがく》などについて、独学で勉強を続けていきました。

そして二年後、幕末の騒乱のなかで鹿児島に帰されると、彼が帰ってきたというので若い者たちが続々と西郷のもとに集まりました。しかし、そのことが藩主の実父の逆鱗《げきりん》にふれ、若手の急進派をあおったという罪をきせられ、また島流しに遭《あ》います。

今度は奄美大島のさらに先にある沖永良部《おきのえらぶ》という島にまで流されます。この島での生活が最も苛烈《かれつ》を極めました。外壁がなく、雨露が横から吹き込んでくる二坪しかない萱葺《かやぶ》きの小屋のような牢のなかで、風呂にも入れてもらえません。そのため西郷は髪と髭《ひげ》は伸びるにまかせ、垢《あか》にまみれ、異臭を放っていました。それでも彼は端然《たんぜん》と座禅を組み続けたのです。

その姿を見ていた薩摩藩の下級武士は、西郷の崇高《すうこう》さに驚き、藩の仕打ちはあまりにもひどいと、家の座敷のなかに牢をつくり、彼を収容しました。藩が命じた「壁もなく雨露さえしのげればいい」という条件は満たしていると拡大解釈をし、救いの手を差し伸べるわけです。

西郷はその座敷牢で座禅を組み、古典を読み、さらに自分を磨くように努めます。島後から見れば、このことは西郷にとってかえって好都合であったかもしれません。島に幽閉されている間に、安政の大獄などで吉田松陰をはじめ多くの志士が殺されていったからです。もし西郷が、当時、京や江戸にいれば、幕府に殺されていたかもしれません。時代は、まさに西郷を求めていました。沖永良部から帰還した後、西郷は明治維新に向け、東奔西走《とうほんせいそう》の活躍をしていくことになります。

私は若かりし頃から、苦しいときに、この西郷の体験をよく思い返すようにしてきました。すでにお話ししたように、子供の頃、当時は死の病といわれた結核を患《わずら》いました。旧制中学の受験には二度失敗し、終戦を迎える直前の空襲で生家は焼かれてしまいました。兄や妹たちが進学をあきらめてまで応援してくれた、大学受験にも失敗しました。コネがないことから就職試験にも失敗します。自分の不運を嘆き、世をすねて、インテリヤクザにでもなろうかと思い詰めたことさえありました。

しかし振り返ると、西郷ほどでないにせよ、数々の苦難を乗り越えてきたからこそ志も少しは堅くなり、今の私があると思います。もし、私が生まれも育ちも良い、いわゆる苦労知らずで、志望の学校に楽々と入るなど順調な人生を歩んできたとしたら、全く違った人生の結果になっていたはずです。

中学校の入学試験を受けてすべり、大学の入試を受けてもすべり、会社の入社試験を受けてもすべりというように、屈辱に満ちた灰色の少年時代、青年時代を過ごしました。それをとらえて他人はたいへん不幸だと言うかもしれません。私自身もそのときは「なんと不幸な運命だろう」と何度も思いました。

しかし、今考えてみれば、苦しい少年時代、また青年時代があったればこそ、現在の私があります。

私が苦労もせずに人生を過ごしてきたなら、人間性を高めることなどできず、会社をつくってからも、部下の信望や信頼を集めることはできなかったでしょう。子供の頃から苦労を重ねてきたことによって、少しでも人間が練られ、私という人間がつくられていったから、経営者として務まったのかもしれません。

つまり、私の少年時代の苦労、不幸は、後に幸福を得るために、天が与えてくれた素晴らしい贈り物だったのです。

逆境に置かれながらも、むしろ与えられた逆境を天に感謝するかのような気持ちで健気《けなげ》に生きていく。そのように生きてきた人は、その経験が必ず、後々の素晴らしい幸運につながっていくと私は信じています。

忍耐

自分が過《あやま》ちを犯したと気づいたのなら、
いたずらに悩まず、今度は失敗しないようにと
改めて新しい思いを胸に抱き、
新しい行動に移っていくことが大切です。

困難に遭《あ》えば、過去の業《ごう》が消える

人生では心配事や失敗など、心を煩《わずら》わせるようなことがしばしば起こります。しかし、一度こぼれた水が元に戻ることがないように、起こしてしまった失敗をいつまでも悔やみ、思い悩んでいても意味はありません。

そのことがよくわかっていても、なお「あれがうまくいっていれば」などと思い悩み続けることは、心の病を引き起こし、ひいては肉体の病につながり、人生を不幸なものにしてしまいます。感性的な悩みをして心労を重ねることは絶対にやめるべきです。

起きてしまったことはしようがありません。自分が過《あやま》ちを犯したと気づいたのなら、いたずらに悩まず、今度は失敗しないようにと改めて新しい思いを胸に抱き、新しい行動に移っていくことが大切です。

済んでしまったことに対して、深い反省はしても、感情や感性のレベルで心労を重ねてはなりません。理性で物事を考え、新たな思いと新たな行動に、直《ただ》ちに移るべきです。そうすることが人生を素晴らしいものにしていきます。

私も大きな困難に遭遇した経験があります。骨や関節が欠損した患者さんのためになると考え、セラミックスの人工骨を開発したときの話です。

従来は金属製の人工骨が使われていました。ところが、金属は人体に入ると溶け出してしまい、悪影響を及ぼします。より不活性な物質を求めて実験をした結果、セラミックスが適していることがわかりました。そこで股関節《こかんせつ》が悪くなって歩けない患者さん、高齢のため腰の骨が摩耗《まもう》して歩けない患者さん向けに、セラミック製の人工股関節を開発したわけです。

動物実験など必要な実験はすべて行い、厚生省（現・厚生労働省）の認可を受けて売り出しました。たいへん素晴らしい性能だと高い評価をいただき、全国の有名な大学病院で使われ始めました。

その病院の一つから、今度は人工膝関節《ひざかんせつ》の依頼がありました。膝関節を悪くして歩けなくなった人がたくさんいるので、セラミック製の膝関節を早急につくってほしいとのことでした。股関節とは別に、臨床実験を十分に行い、厚生省の認可を受けたうえでなければ、膝関節を供給することは薬事法違反になります。ですから京セラは、一度その話を断りました。それでも先方は強くお願いしてこられました。

「患者さんが非常に困っています。これは人助けなのです。セラミック製の人工骨は毒性もなく、腰に入れた結果、非常にうまくいくことが実証されています。ですから、膝に使って悪いはずがありません。決して迷惑をかけないから、ぜひつくってください」

このように言われ、我々は仕方なく試作品をつくって納めました。すると、「よい結果が得られたので、もっとつくってください」といわれるので、その後も納品を続けました。

それから数年後に、国会である代議士の方が質問に立ちました。

「最近、頭角を現している京セラという会社は、認可を取っていない人工膝関節を患者さんの弱みにつけ込んで売り、あくどく儲けている」

たいへんな騒ぎになりました。新聞や雑誌にも「悪徳商法の京セラ」と書き立てられました。動機はともかく、手続きとして不備があったのは間違いありませんから、大いに反省し、会社としても謝罪しました。また、一カ月の操業停止処分を受けるとともに、関係する患者さんの治療費についても、会社として自主的に返納することを決めました。さらに、再発防止をはかるために社内に特別監査対策本部を設置し、管理体制も見直しました。それでも悪徳商法だと連日のように新聞、雑誌に載るわけですから、耐えきれないほど苦しい毎日でした。

そのとき私は、ご指導をいただいていた、京都にある円福寺《えんぷくじ》の西片擔雪《にしかたたんせつ》老師を訪ねました。

「新聞でご存じかもしれませんが、たいへんな困難に遭遇してしまい、困惑しています」

私の話を聞き終わったあと、擔雪老師はお笑いになっておっしゃいました。

「それは稲盛さん、生きている証拠です」

こちらは生きるか死ぬかの心地でいるのに、生きている証拠だといわれる。意味がよく理解できず、思わず擔雪老師の顔をみつめました。

「生きているから、そういう困難に遭遇するのです。死んでしまったら、そんな困難にも遭遇しません。生きている証拠ですよ」

当たり前ではないかと思いました。しかし、続けておっしゃった言葉に、はっとさせられました。

「前世か現世か知らないけれども、それは過去にあなたが積んできた業《ごう》が、今結果となって出てきたものです。たしかに今は災難に遭《あ》われ、たいへんかもしれません。しかし、あなたがつくった業が結果となって出てきたということは、その業が消えたことになります。業が消えたのだから、考えようによっては嬉しいことではありませんか。命がなくなるようなことであれば困りますが、新聞雑誌に悪く書かれた程度で済むなら、嬉しいことではありませんか。むしろお祝いすべきです」

筋を通して経営をしてきたなかで直面した困難でした。前世か現世か、どこでつくったかもわからない業が、結果となって現れた。そのとき、「業が消えたと思い、お祝いをするべきだ」といわれて、私は一瞬にして苦しみが解けました。

正しいことを行ったにもかかわらず、耐えがたい困難に遭遇してしまえば、どうしても落ち込んで、先に進むことはできなくなります。しかし、そのようなときこそ、くよくよと悩むのではなく、深く反省をしたうえで未来を見つめ、新しい一歩を力強く踏み出すことが大切です。そうすることでこそ、現在の困難を無駄にすることなく、将来につながる糧《かて》とすることができます。

積極

一見非情に見えるほどの
災難に遭遇しているとすれば、
それはその人の将来にとって
プラスになると思わなければなりません。
それは天が与えてくれた
「ごほうび」なのかもしれません。

いいことも悪いことも、すべてが試練

人生には必ず浮き沈みがあります。幸運に恵まれるときもあれば、苦難に遭《あ》うときもある。苦難に遭ったときであっても、耐え忍ぶことが必要です。ひどい目に遭っても、それを恨むのではなく、ひたすら耐えるのです。その「耐える」ということを通じて、人間ができていきます。

苦難に遭って、それに耐えた人と、そうでない人とでは、将来は全く違ってくると私は思います。苦難に直面したときに、打ち負かされて断念したり、妥協してしまうのか、それとも苦難を克服しようとして、さらに努力を重ねることができるのか。ここに人間的な成長ができるかどうかという、分岐点があると思うのです。

天は、けっして私たちに安定した人生を与えてはくれません。さまざまな試練を与えて、それと向き合いながら人生を歩むことを命じます。

その試練をどのように受けとめていくのか。ある人は、明るく、素直に善意に受けとめ、前向きに粘《ねば》り強く努力をします。ある人は暗く、悲観的に屈折して受けとめます。どちらの受けとめ方をするかで、人生は全く異なったものになります。

試練に前向きにあたる人の人生は、大きく開け、発展していきます。一方、後ろ向きに試練に対処する人の人生は、まさに悲惨なものになっていきます。その悲惨な人生がその人の魂をすり減らし、さらに疲弊《ひへい》させていくことになるだろうと思います。

大切なことは、試練をどのように受けとめるのかということです。若いときの挫折《ざせつ》ぐらいで、人生を台無しにして、朽ち果ててしまうようなことがあってはいけません。今がいかにあろうとも、長い人生は心がけ次第で、素晴らしいものとすることができるのです。

今、不幸の渦中にある人は、「若いときに、こんな苦労をし、こんな苦しい目に遭う人は、日本のなかでそう多くはいない。不幸だと思うのではなく、誰も経験できないことを経験させてもらっている」

このように思うべきです。

人生ではいいことも悪いことも、すべてが試練です。人間をつくるために、天が与えてくれた試練です。生きていくなかで、自分の人生はもう駄目《だめ》かもしれないと暗い気持ちに陥《おちい》ることがあるかもしれません。しかし、そのような失敗も、すべて天によって仕組まれたものです。我々がさらに飛躍するために与えてくださったものです。

人生で起こることは、人間の浅はかな知恵をもって、目先の幸不幸だけで判断してはいけません。天という高い視点から見るべきです。そうすれば、全く異なる様子が見えてくるはずです。今、一見非情に見えるほどの災難に遭遇しているとすれば、それはその人の将来にとってプラスになると思わなければなりません。それは天が与えてくれた「ごほうび」なのかもしれません。

天は、人が善《よ》きことを思い、善きことを為《な》した結果として、非情なこと、厳しいことを与えることさえあります。その苦難を真正面から受けとめ、どのように対処していくか。そのことによって、自分の人生の航路が決まっていきます。

自然界を見てください。植物は傷《いた》めつけられると、それに反発して、よりたくましく成長していきます。たとえば、自然に生えている木に比べて、剪定《せんてい》した庭木のほうが、さらに早く伸びていきます。剪定で木は枝を切られて傷めつけられますが、その傷みをバネにするかのように成長していくのです。麦も、冬の間に麦踏みをしてあえて傷つけることで、立派に育ちます。また薩摩芋《さつまいも》は、地面をはうように蔓《つる》が伸びますが、そのままにしておいても立派に実りません。夏の一番成長するときに葉をひっくり返し、根を取り除きます。かわいそうですが、そうしなければ、大きな薩摩芋はできません。

自然界は、みな試練を肥やしにして成長していくようにできています。我々人間も、仕事で苦しんだり、健康を害したりしたときには、「この逆境は自分をもっと強く立派にするために天が与えてくれたものだ」と積極的に受けとめることが絶対に必要です。

七

心が純粋であること

――行動の成功は、その心の美しさによる

感謝

どんな境遇にあろうとも、
愚痴や不平不満を漏らさず、
常に生きていること、
いや、生かされていることに感謝する。
そのようにして幸せを感じる心を養うことによって、
人生を豊かで潤いのある素晴らしいものに
変えていくことができるのです。

ピュアな心を涵養《かんよう》する「ナンマンナンマン　アリガトウ」

二十七歳のときに京セラをつくっていただいてから、私は「感謝」という思いを強く抱くようになりました。経営の経験も何もない私のために、自宅を抵当に入れてまで、会社設立に尽力いただいた方々の期待に応えなくてはならない。この一心から必死になって働いているうちに、心の底から感謝する思いが湧きおこってきました。

幸いにして、ほどなく会社の経営は軌道に乗り、借金を返せるめどもつきましたが、決して経済的に豊かになっていたわけではありません。その頃は一日中、仕事で走り回り、ときにはクレーム処理などのトラブルに追われ、まさに昼夜兼行で仕事に励んでいました。

しかし、それでも一緒に必死になって働いてくれる従業員や、注文をくださるお客様、いつも無理を聞いてくださる業者の方々など、周囲の人々への感謝の思いは、片時も忘れたことはありません。取引先からの毎年のような厳しい値下げ要求に対してさえ、「京セラを鍛《きた》えていただいている」と感謝していました。

自分が置かれた環境をネガティブにとらえて、卑屈になり、恨みつらみを募らせていくのか、それとも、困難な要求を、自分を伸ばしてくれる機会として、ポジティブに受け取るのか。いずれの道をとるかによって、行き着くところが大きく異なってしまうのではないでしょうか。

人は、現在が苦しければ苦しいほど、とかく愚痴や不平不満を漏らしてしまうものです。しかし、その愚痴や不平不満は、結局は自分自身に返ってきて、自分自身をさらに悪い境遇へと追いやってしまうものです。ですから、どんな境遇にあろうとも、感謝の心というものを忘れてはならないと私は思います。

現実には、感謝の心を持てと言われても、なかなか持てるものではありません。しかし、無理にでも「ありがたい」と感謝することが大切だと自分に言い聞かせる。そうして、感謝をするという行為を習慣化してしまうのです。

「ありがたい」と無理にでも思うことで、自分の気持ちが少し楽になりますし、心も明るくなるはずです。さらに踏み込んで、「ありがとうございます」と感謝の念を素直に口に出せば、それを聞いた周囲の人々はよい気持ちになり、なごやかで楽しい雰囲気がつくり出されていきます。逆に、不平不満の鬱積《うっせき》した刺々《とげとげ》しい雰囲気は、自分を含めた周囲の人々に不幸をもたらしていきます。

どんな些細《ささい》なことに対しても感謝をすることは、すべてに優先する大切なことであり、大きな力を持っています。感謝とは、自分自身を心地のよい素晴らしい境地へと導いてくれると同時に、周囲の人々をも優しい気持ちにする万能の薬です。


感謝することが習慣になったきっかけを、自分自身の人生で振り返って考えてみると、幼少の頃に体験した「隠れ念仏」にあるように思います。

隠れ念仏とは、禁制を逃れ、信仰を貫いた浄土真宗《じょうどしんしゅう》の人たちの信仰のことを言います。江戸時代、薩摩《さつま》藩は浄土真宗を危険な思想とみなし、信仰する者は厳罰に処するというお触れを出しました。しかし、熱心な信徒たちは信仰を捨てることができず、山奥に祠《ほこら》や隠れ家をつくり、仏壇や仏具を持ち込み、信仰を絶やさないようにしました。それを「隠れ念仏」というのですが、不思議なことに、とっくに禁制が解かれた昭和初期になっても、その風習が、鹿児島の田舎《いなか》に残り、行われていました。

あるとき父親が、鹿児島市内から十数キロ離れたところにある自分の郷《さと》に、私を連れて行ってくれたことがありました。夜、暗い山道を、提灯《ちょうちん》ひとつさげ、私の手を引きながらゆっくりと登っていきました。父親の向かった先は、隠れ念仏の集会所でした。

寂しい山道の先に、電灯もついていない、蝋燭《ろうそく》の火が灯《とも》るだけの一軒のあばら屋がありました。なかへ入ると、お坊さんらしき人が仏壇の前に座り、お経をあげていて、その後ろには、私と同じような年頃の子供たちが十人くらい座っていました。

読経《どきょう》の後、お坊さんらしき人が振り返って、「仏壇を拝みなさい」と、子供たちの一人ひとりに声をかけました。そして私にだけ、次のように話してくれました。

「お父さんと一緒に、よく遠い鹿児島市内から来てくれた。坊やは、今日のお参りで仏さまのお許しが得られた。だから、今後は来なくてもいい。ただしこれからは『ナンマンナンマン　アリガトウ』という念仏を必ず唱えるようにしなさい」

「ナンマン」というのは、「南無阿弥陀仏《なむあみだぶつ》」がなまったもので、子供にもわかりやすいように言い換えた、薩摩特有の表現です。

私は、その後もこの体験を忘れませんでした。この年になった今でも、一日に何十回となく「ナンマンナンマン　アリガトウ」という、幼いときに教わった感謝の言葉を思わず口にしています。朝、洗面をしているとき、ふと自分が幸せに感じたときなど、つい「ナンマンナンマン　アリガトウ」という感謝の言葉が口をついて出てくるのです。

私は臨済宗妙心寺派《りんざいしゅうみょうしんじは》の僧として得度《とくど》した身です。禅宗では「南無阿弥陀仏」とは唱えません。それでも私は、「ナンマンナンマン　アリガトウ」と唱え続けています。ヨーロッパに行き、キリスト教の礼拝堂に立てば、「ナンマンナンマン　アリガトウ」と唱え、手を合わせています。イスラム教のモスクを訪ねたときも同様です。私は、この世を統《す》べる絶対的な存在は、宗教が異なっても本質的には同じだと思い、必ずそう唱えています。

人は自分一人では生きていけません。私たちが今日生きていること、そして存分に働けるのは、そもそも空気や水、食料などの地球環境から、社会、さらには家族や職場の仲間たちに至るまで、自分を取り巻くあらゆるものに支えられているからです。その意味では、生きているというよりは「生かされている」と言えます。そのように考えると、この世に生を享《う》けていること、また健康で生きていられることに対して、自然と感謝の心が出てきます。感謝の心が生まれてくれば、自然と幸せを感じられるようになるはずです。

どんな境遇にあろうとも、愚痴や不平不満を漏らさず、常に生きていること、いや、生かされていることに感謝する。そのようにして幸せを感じる心を養うことによって、人生を豊かで潤いのある素晴らしいものに変えていくことができることを理解していただきたいと思います。

知足《ちそく》

できるだけ欲を離れようとすることです。
三毒《さんどく》を完全に消すことはできなくても、
それを自らコントロールし、
抑制するように努めることが大切です。

幸せを感じる心は「足るを知る」心から生まれる

物質的にいかに恵まれていようとも、際限なく欲望を追いかければ、不足を感じることになります。心のなかはいつも不満でいっぱいになり、決して幸せを感じることはできません。一方、物質的に恵まれず、赤貧洗《せきひん》うような状態であっても、満ち足りた心があれば幸せになれます。

つまり、幸せかどうかは、人の心の状態によって決まってくるのであり、「こういう条件を満たせば幸せだ」という普遍的な基準はありません。死ぬときに「何と幸せな人生だったのだろう」と感じられるように、自らの心をつくっていくことこそが、人生では大切です。そうした幸せを感じる「美しい心」がなければ、決して幸せになることはできません。

では、美しい心をつくっていくには、どのようにすればいいのでしょうか。

人間には百八つの煩悩《ぼんのう》があると言われています。この煩悩が人間を苦しめている元《げん》凶《きょう》だとお釈迦《しゃか》さまは説かれています。また、その煩悩のなかでも最も強いものとして「欲望」「愚痴」「怒り」という「三毒《さんどく》」をあげられています。

我々人間というものは、この三毒にとらわれて日々を送っている生き物です。人よりもいい生活をしたい、楽して儲けたい、早く出世したい。こういう物欲や名誉欲は誰の心にもひそんでいます。そして、その欲望が叶《かな》わないとなると、なぜ思ったとおりにならないのかと怒り、返す刀で望むものを手に入れた人に嫉妬《しっと》を抱きます。

たいていの人は、こういう煩悩に四六時中振り回されて生きています。しかし、三毒に振り回されて生きているかぎり、決して幸せを感じることはできません。

そんな欲にとらわれた人間の実相を、お釈迦さまはある比喩で説いておられます。ロシアの文豪トルストイがそれを読み、「これほど人間をうまく表現した例はない」と感心したそうです。それは次のようなお話です。

ある深い秋、木枯らしが吹く、寒々とした景色のなかを、旅人が家路を急いでいます。ふと見ると、道端に白いものがいっぱい落ちています。何だろうと思ってよく見ると、それは人間の骨でした。こんなところに人間の骨があるのはおかしいと思いながらも、先へどんどん進んで行くと、向こうから一匹の大きなトラが吠《ほ》えながら迫ってきます。ハッと気がついて、なるほど人間の骨が落ちているのは、トラに食われた跡だったのかと思うと同時に、きびすを返し、脱兎《だっと》のごとく逃げていきました。しかし、どう道を間違ったのか、断崖《だんがい》絶壁に行き当たり、進退極《しんたいきわ》まります。

まわりをよく見てみると、崖のところに一本の松の木が生えています。何とか逃げようと思い、その松の木を攀《よ》じ登ると、トラは猫科の動物ですから、爪《つめ》を立てて登ってきます。もうどうにもならないと思い、ふと下を見ると、松の枝から藤蔓《ふじづる》が下がっています。しめしめと思い、その藤蔓をつたって下へおりていくと、藤蔓は途中で切れています。さらに下を見ると、怒濤渦《どとううず》巻《ま》く海です。上のほうでは、さすがにトラといえども、藤蔓をつたっておりるわけにいかず、うらめしそうに、藤蔓にぶら下がった旅人をにらんでいます。

これでひと安心と思っていると、上のほうでガリガリと音がします。ふと見ると、藤蔓の根元に、白と黒のネズミがいて、交互に藤蔓を嚙《か》んでいます。これはしまった、あのネズミが藤蔓を嚙み切ってしまえば、自分は海中に真っ逆さまに落ちるしかないというので、旅人は「シッ、シッ」と言いながら、藤蔓を揺すって、ネズミを追い払おうとします。

すると、何か生ぬるいものが落ちてきます。何だろうと思ってなめてみると、甘い蜂蜜《はちみつ》でした。よく見ると、上のほうに蜜蜂の巣があり、藤蔓を揺すると巣が揺さぶられ、蜜が落ちてきます。

旅人は、いつの間にか白いネズミ、黒いネズミが藤蔓をかじっていることも忘れて、蜂蜜の甘さに酔いしれています。しかし、眼下には、逆《さか》巻く波のなかで、赤と黒と青の竜が今にも旅人が落ちてくるのを待っています。旅人は下を見ると怖いものですから、ただ上だけを見て、藤蔓を揺すっては蜂蜜をなめている――。

「これが我々人間なのです」と、お釈迦さまは説いておられます。皆さん、この話を聞いて笑われるのですが、実はそれが自分自身の姿です。

お釈迦さまが説かれていることを解釈すると、次のようになります。

木枯らしの吹く秋を、旅人が一人家路をたどるように、人生はどんなにたくさんの仲間がいようとも、結局は一人旅です。生まれるのも一人、死ぬのも一人であるということを、まずは説かれています。

トラとは無常《むじょう》のことであり、死を意味します。人間は、生まれた瞬間から死に脅《おびや》かされています。死というトラがいつも追いかけてきます。そのためにいろいろな健康法を試してみたり、医者に頼ったり、宗教に走ったり、いろいろなことをして逃げ惑うわけです。

そして、やっとたどり着いた松の木は、今まで築いた地位や財産です。そこへ救いを求めても、死は容赦《ようしゃ》しません。地位や財産では何の助けにもなりません。それが頼りない一本の藤蔓にぶら下がっている、人間の姿です。

そして、藤蔓の根元をかじっている白いネズミが昼で、黒いネズミは夜です。つまり昼と夜が交互に来ると、やがて寿命が果てることになります。

眼下の三匹の竜は、赤い竜が「怒り」、黒い竜が「欲望」、青い竜が「愚痴」を表しています。この怒り、欲望、愚痴という三毒が、われわれの人生を駄目《だめ》にしてしまうものですが、それは自分の心がつくり出したものです。

人間というのは、生まれてから死ぬまで一人で旅をしなくてはならない。そのなかで常に死に脅かされ、また自分の心がつくり出した三毒に脅かされて生きていかなくてはならない。そのために、お釈迦さまは持戒《じかい》（道徳規範を持ち、実践すること）を説き、利己心や煩悩を抑えることが必要だとお話しになっておられます。

もちろん、利己心や煩悩は、人間が生存していくために必要なエネルギーですから、一概《いちがい》に否定するわけにはいきません。しかしそれは同時に、人間を絶えず苦しめ、人生を台無しにしてしまいかねない猛毒も有しています。そうした利己心や煩悩が、自分たちを不幸にし、人生を滅ぼしてしまいかねない元凶なのです。

一方、人間には元々、煩悩の対極に位置する、素晴らしい心根があります。人を助けてあげるとか、他の人のために尽くすことに喜びを覚えるといった美しい心は、誰もが心のなかに持っています。しかし、煩悩があまりにも強すぎると、なかなか表に出てきません。

だから、できるだけ欲を離れようとすることです。三毒を完全に消すことはできなくても、それを自らコントロールし、抑制するように努めることが大切です。そうすれば、美しい心が出てくるのです。

そのために、お釈迦さまは「足るを知る」こと、つまり、幸せを感じる心を養うことが大切だと言っておられます。ガツガツと欲を募らせ、怒りにまかせて、不平不満を並べて生きるのではなく、心の豊かさを育《はぐく》むことの大切さを教えてくださっています。

足るを知り、日々感謝する心を持って生きることによって、人生は真に豊かで、幸せなものとなっていきます。

反省

反省をすることで自らを戒《いまし》め、
利己的な思いを少しでも
抑えることができれば、
人間誰もが本来持っている美しい心が、
自ずと現れてくるはずです。

心を純粋にする努力を不断に続ける

人間には本来、自分だけよければいいという利己的な心とは正反対の、感謝を忘れず、思いやりに満ち、他の人のために尽くすことに喜びを覚えるという美しい心もまた備わっています。それは「良心」と表現できるような、崇高《すうこう》なものです。先にお話ししたように、利己的な心を抑制するように努め、この良心という言葉で表される美しい心を開花させることが大切です。

では、どうすれば、良い心を開花させられるのでしょうか。ほとんどの人は心の大切さに気づかず、心を立派にしようなどということに関心を持ちません。しかし、まずは「心を高めなければならない」「心を美しくしなければならない」と思わなければなりません。我々は煩悩《ぼんのう》や、欲にまみれた人間ですから、なかなかそうはなれません。けれども、「心を高めなければならない」と思い、努力する人間でなければなりません。

ともすれば利己で満たされがちな心を高めよう、浄《きよ》めようと、自分自身で努力をしている人は、いわば修行をしているようなものだと思います。

かくいう私とて、まだまだ不完全な人間です。「あなたの心はどれほど浄められていますか」と問われれば、答えるのも恥ずかしいぐらいです。すきあらば悪さをする、自分の欲望を満たそうとする、そんな普通の人間です。

しかし、だからこそ、今よりは人間が悪くならないようにしようと努めています。そうしようと努力していると、心のなかに「お前はどうか」と、私自身を責める、もう一人の自分が出てきます。その葛藤《かっとう》のなかで私自身を少しでも高めていく。この反省を通して、少しでも心を高めることこそが人生なのだと思います。

このように反省を通じて、心を管理するということは、人間にとって大切なことであるにもかかわらず、多くの人は、あまり関心を払おうとはしません。多くの人が、心のなかで何を思おうと勝手だと考えています。しかし、心に思った通りのことが現象として現れてきます。だからこそ、心をどのように維持するのかということがたいへん大切になってきます。

先にもご紹介した啓蒙《けいもう》思想家ジェームズ・アレンは、その著書『「原因」と「結果」の法則』のなかで、心の管理ということに関し、次のように述べています。

「人間の心は庭のようなものです。それは知的に耕されることもあれば、野放しにされることもありますが、そこからは、どちらの場合にも必ず何かが生えてきます。

もしあなたが自分の庭に、美しい草花の種を蒔《ま》かなかったなら、そこにはやがて雑草の種が無数に舞い落ち、雑草のみが生い茂ることになります」

続いて、彼はこう言っています。

「すぐれた園芸家は、庭を耕し、雑草を取り除き、美しい草花の種を蒔き、それを育《はぐく》みつづけます。同様に、私たちも、もしすばらしい人生を生きたいのなら、自分の心の庭を掘り起こし、そこから不純な誤った思いを一掃し、そのあとに清らかな正しい思いを植えつけ、それを育みつづけなくてはなりません」

自分の心の庭を耕し、毎日の反省をすることによって、雑草つまり自分の邪《よこしま》な思いを取り除き、そこに新たに素晴らしい思いを植えるようにしていかなければなりません。つまり、邪な心を反省し、善《よ》き思いを心のなかに育てていきます。そのことを、ジェームズ・アレンは園芸に譬《たと》えて、説いています。

彼はこう結びます。

「正しい思いを選んでめぐらしつづけることで、私たちは気高い、崇高な人間へと上昇することができます。と同時に、誤った思いを選んでめぐらしつづけることで、獣のような人間へと落下することもできるのです」

「心の中に蒔かれた（中略）思いという種のすべてが、それ自身と同種のものを生み出します。それは遅かれ早かれ、行いとして花開き、やがては環境という実を結ぶことになります。良い思いは良い実を結び、悪い思いは悪い実を結びます」

心のなかに善き思いを抱けばよい実を結び、悪い思いを抱けば悪い実を結ぶ。だから、自分の心という庭の雑草を抜き、自分の望む美しい草花の種を蒔き、丹念に水をやり、肥料をやって管理しなければならないと、ジェームズ・アレンは説いています。まさに、それが反省をするということです。何も手入れをしないでそのまま放っておけば、人間の心は必ず利己的で強欲なものに満ち満ちてしまいます。そこで、「反省」ということがたいへん大事になってくるわけです。

京セラが順調に成長発展を続け、会社としても、また思わぬことに私自身も経営者として世間から高い評価をいただくようになった頃から、私はこの「反省する」ということを強く意識するようになり、日課としてきました。

毎日、起床時と就寝前に洗面所の鏡に向かうのですが、その際には、昨日の出来事、今日の自分の言動をひとしきり思い返し、「人に不愉快な思いをさせなかったか」「不親切ではなかったか」「傲慢《ごうまん》な振る舞いはなかったか」と自らを厳しく問いただします。そして自分の行動や発言に人間として恥ずべき点が見つかれば、自分自身を強く叱《しか》り、二度と過《あやま》ちを繰り返さないよう戒《いまし》めるようにしています。

また時には、自宅やホテルの部屋に戻り、眠りにつこうとするときに、「神様、ごめん」という反省の言葉が無意識のうちに口から飛び出してくることもあります。ここで言う「ごめん」とは、自らの態度を相手に謝罪したいという素直な気持ちとともに、至らない自分について創造主に許しを請いたいという、贖罪《しょくざい》の思いが表れています。

一人になったときに思わず口をついて出てくるこの自省、自戒《じかい》の言葉は、自分の良心が、利己的な私を責め立てているのだと理解しています。

そうして、反省をすることで自らを戒め、利己的な思いを少しでも抑えることができれば、人間誰もが本来持っている美しい心が、自ずと現れてくるはずです。私もそのような自分でありたい、少しでも立派な心でありたいと思い、今も毎日、心の手入れに努めています。

八

謙虚であること

――自らを愛する心を抑える

克己《こっき》

少しも威張ったところがなく、
常に謙虚でいられる人。
同時に、自分のことは横に置いて、
いつでも世のため人のためを考え、行動できる人。
そのような自らの欲望や虚栄を抑えることができる
克己心の持ち主こそが、人格者だと私は考えています。

試練への対処によって成功と没落が決まる

中国の古典に「謙《けん》のみ福を受く」という言葉があります。傲慢《ごうまん》な人間は幸福を得られない、謙虚な心の持ち主しかそれを得ることはできない、という意味です。

謙虚、つまり謙《へりくだ》ると言えば、何かみっともないような感じを抱く人もいるかもしれませんが、それは誤りです。人は、自分に誇るものが何もないからこそ威張り、ふんぞり返って自己顕示欲を満たそうとするものです。

どれほど社会的な名声を得ようとも、あるいは大きな会社や組織の長として多くの人を率いていようとも、少しも威張ったところがなく、常に謙虚でいられる人。同時に、自分のことは横に置いて、いつでも世のため人のためを考え、行動できる人。そのような自らの欲望や虚栄を抑えることができる克己心《こっきしん》の持ち主こそが、人格者だと私は考えています。

たとえば何か成し遂げるべき仕事、あるいは事業に取り組んでいるとき、八割くらいまではうまくいくのに、残りの二割でつまずいてしまう人がいます。途中まではうまくいくのに、最後までやりきることができないという人です。

取り組み始めたばかりの頃は、慎み深く、謙虚さも失わず、一生懸命に努力します。そのために成功し、新聞雑誌に書き立てられるほど有名にもなります。そうなっていくに従って、いつしか自分を抑える気持ちが緩んで、自らを愛する心、つまり利己心が肥大化してしまいます。そして、だんだんと自分自身を褒め称えるようになります。

自分自身で、「オレはあの苦しいなかを頑張り、よくやったではないか」と思うようになり、だんだんと傲慢になってしまうわけです。成功するに従って、有名になるに従って、そうした驕《おご》り、慢心の心が湧き起こってきます。

私は、試練というのは、一般的に言われる苦難のことだけをいうのではないと考えています。人間にとって、輝かしい成功さえも試練なのです。

仕事で成功を収め、地位も名声も財産も獲得した人を見て、私たちは「あの人は幸せだ」と羨望《せんぼう》のまなざしを向けます。しかし、それさえも天が与えた厳しい試練です。人生で成功を収め、お金持ちになって贅沢に走る。また名声を得たばかりに慢心し、人を人とも思わないような行動をとるようになってしまい、ついには道を誤り、奈落の底へと落ちていくこともあります。

たとえば、世界の檜舞台《ひのきぶたい》で活躍するようなプロのサッカー選手のなかには、二十代の若さで数千万円、なかには一億円を超える年棒をもらう人もいます。日本では上場企業の社長と同じか、それ以上の報酬です。普通、大学を卒業したばかりの二十二、三歳の新入社員であれば、せいぜい年間で三百万円くらいの給料しかもらえません。そうした同世代の十倍以上もの年俸をもらえるというのは、確かに人生における大きな成功だと言えるでしょう。

ところが、若い頃のこうした短期的な成功、名声は決してその将来を約束するものではありません。むしろ類まれな才能によって、若くして多額の金銭を手に入れ、周囲からちやほやされるがゆえに、将来のことをあまり考えもせずに刹那《せつな》的に日々を過ごしてしまい、後悔するということが往々にしてあります。

サッカー選手の選手生命は通常、三十歳くらいまでです。八十歳までの人生だとすれば、あと五十年という長い道のりがその後に待っています。監督やコーチとしてサッカー界に残れるのはごく一部であり、多くの選手はサッカーを離れて他の分野で第二の人生を歩むことになります。

そういう意味では、現役の選手として活躍しているときにどのように過ごしてきたかということが、その後の人生を決めるといっても過言ではありません。「自分の才能でもらった報酬なのだから、好きに使えばいいのだ」とばかりに、自由気ままに遊びに興じて、やがて身を滅ぼしてしまう人もいるでしょうし、現役時代から何事にも真面目《まじめ》に取り組み、引退して普通の会社に勤めるようになってからも立派な社会人として歩んでいかれる方もいるはずです。

そのような事例を見るにつけ、先にもお話ししましたが、神様は恵まれた条件を与えることによって、人がどういうふうに変化していくかを試しておられるのではないかと思うほどです。その試練に対する処し方が良ければ、善《よ》い結果が生まれ、悪ければ、悪い結果が生まれます。

人生は変転極まりないもので、「あの人はあのとき成功しなかったほうが、その後かえっていい人生を送っただろう」という話はいくらでもあります。また逆に、苦難に遭遇しても、それに打ち勝ち、素晴らしい人生を送るという例もいくらでもあります。

幸運に恵まれようとも、災難に遭《あ》おうとも、どんな状況でも謙虚に、自分というものを失わずに生きていくことが大切です。

ぜひ、このことを理解し、謙虚さを忘れず、常に反省をしながら、真面目に、誠実に人生を生きるようにしてください。そういう生き方をすれば、必ず、自分でも想像できないほど人生が順調にいくようになります。

精進《しょうじん》

誰しも持って生まれた「性格」が
完全なわけではありません。
だからこそ、後天的に
素晴らしい「哲学」を身につけ、
「人格」を高めようと
努力する必要があります。

人格を高め、維持する

私はリーダーの資質として「人格」が最も重要であり、それも高い次元の「人格」を維持し続けることが、リーダーにとって最も大切なことであると考えています。

ところが一般には、リーダーの資質としては、「才覚」と「努力」のほうが重要だと考えられています。

実際に、現在のビジネス界を見ると、ベンチャーを起こし大成功を収める創業者型の経営者も、また大企業のCEOに就任し、その企業をさらに飛躍させる中興の祖となる経営者も、いずれにしても成功したリーダーは、まさに才気煥発《さいきかんぱつ》、「才覚」にあふれ、また「努力」を惜しまない人ばかりです。

彼らは、ビジネスでの「才覚」を駆使するだけでなく、燃えるような情熱を持って、果てしのない「努力」を重ね、事業を成長発展へと導いていきます。

しかし私は、近年、彗星《すいせい》のように登場しながらも、その後我々の前から去っていった、多くの新進気鋭の企業や経営者を見るにつけ、「才覚」や「努力」だけでリーダーを評価してはならないと強く思います。つまり、人並みはずれた「才覚」や「努力」の持ち主であればあるほど、その強大な力をコントロールするものが必要となります。

私は、それが「人格」であると考えています。「人格」こそが、その人の「才覚」を発揮する方向と、「努力」を重ねる方向をコントロールすることができます。この「人格」に歪《ゆが》みがあると、「才覚」や「努力」を正しい方向へと発揮させることができず、結果として人生を誤らせてしまいます。

多くのリーダーは、「人格」が大切だということを知ってはいます。しかし、その「人格」とはどのようなものであり、どうすればそれを高め、維持できるのかは知りません。そのために、いったん成功を収めながらも、それを維持できないリーダーが後を絶ちません。

では「人格」とはどのようなものなのでしょうか。私は、「人格」とは、人間が生まれながらに持っている「性格」と、その後人生を歩む過程で学び、身につけていった「哲学」から成り立っていると考えています。つまり、先天的な性格に、後天的に加えられた哲学によって形成されていると思います。

先天的な「性格」とは人によってさまざまです。強気であったり弱気であったり、強引であったり慎重であったり、さらにはエゴイスティックであったり思いやりにあふれていたりと、まさに千差万別です。もし、人生の途上で、素晴らしい「哲学」を身につけることができないとすれば、この持って生まれたままの「性格」が、そのままその人の「人格」となります。そして、その「人格」が、「才覚」や「努力」の進む方向を決めてしまうことになります。

そうすれば、どういうことが起こるのでしょうか。もし、生まれながらの「性格」がエゴイスティックなリーダーであっても、素晴らしい「才覚」を持ち、誰にも負けないような「努力」を重ねるなら、成功することは可能でしょう。しかし、「人格」に問題があるため、いつか私利私欲のために不正を働くかもしれません。そのため、その成功を永続することはできなくなります。

残念ながら、誰しも持って生まれた「性格」が完全なわけではありません。だからこそ、後天的に素晴らしい「哲学」を身につけ、「人格」を高めようと努力する必要があります。特に、多くの部下を持ち、責任も大きなリーダーは、できるだけ「人格」を高め、それを維持しようと努力することが求められます。

その身につけるべき素晴らしい「哲学」とは、歴史という風雪に耐え、人類が長く継承してきたものであるべきです。つまり、人間のあるべき姿、持つべき考え方を明らかにし、われわれに善《よ》い影響を与えてくれる、素晴らしい聖人や賢人の教えのことです。

そのとき留意すべきは、「知っていることと、できることは違う」ということです。たとえば、キリストの教え、釈迦《しやか》の教え、孔子《こうし》や孟子《もうし》の教えをみんな教科書で習い、知識としては理解しています。しかし、知識として持っているだけでは価値はありません。自分を戒《いまし》め、「人格」を高めるために役立つものでなければならないのです。

リーダーにとって必要なことは、そのような人間のあるべき姿を示した素晴らしい「哲学」を繰り返し学び、それを理性で理解するだけでなく、常に理性のなかに押しとどめておけるように努力することです。そうすることで、自分がもともと持っている「性格」の歪みや欠点を修正し、新しい「人格」、言うならば「第二の人格」をつくりあげることができます。つまり、素晴らしい「哲学」を繰り返し学び、自らの血肉としていくことにより初めて、「人格」を高め、それを維持することができます。

一般には、人間のあるべき姿などは一度学べばそれで十分だと思い、なかなか繰り返し学ぼうとはしないものです。しかし、スポーツマンが毎日肉体を鍛錬《たんれん》しなければ、その素晴らしい肉体を維持できないように、心の手入れを怠《おこた》ると、あっという間に元の木阿弥《もくあみ》になってしまいます。「人格」も、常に高めようと努力し続けなければ、すぐに元に戻ってしまいます。ですから、あるべき人間の姿を示した、素晴らしい「哲学」を常に自分の理性に注入し、「人格」のレベルを高く維持するように努力し続けなければなりません。

そのためには、繰り返しお話ししますが、自分の行いを日々振り返り、反省することが大切です。学んできた人間のあるべき姿に反したことを行っていないかどうか。このことを厳しく自分に問い、日々反省をしていく。そうすることによって、素晴らしい「人格」を維持することができるようになります。

無私

自己犠牲を払う勇気がなければ、
絶対にリーダーになってはならない。
リーダーとは、自分というものを横に置いて
物事を判断できる、
無私の人でなければなりません。

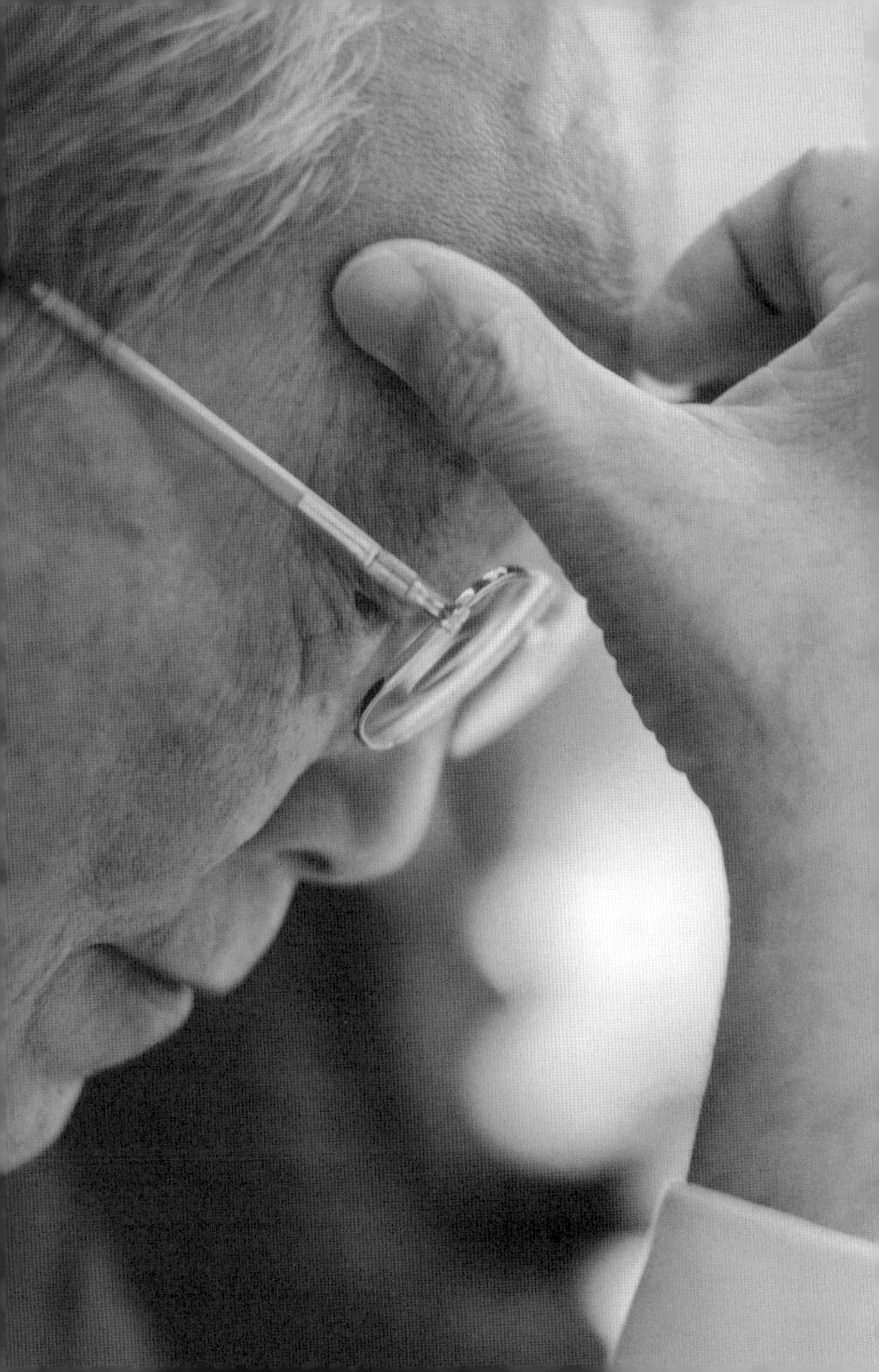

自分を無にした行動が「大きな愛」につながる

立派な仕事をしようと思えば思うほど、それに比例して大きな自己犠牲を伴います。自己犠牲を払う勇気がなければ、絶対にリーダーになってはならないとさえ、私は思っています。リーダーとは、自分というものを横に置いて物事を判断できる、無私の人でなければなりません。

ジェームズ・アレンは自己犠牲について、次のように言っています。

「もし成功を願うならば、それ相当の自己犠牲を払わなくてはなりません。大きな成功を願うならば、大きな自己犠牲を、この上なく大きな成功を願うならば、この上なく大きな自己犠牲を払わなくてはならないのです」

立派な仕事をして成功しようと思えば、それにふさわしい自己犠牲を払う勇気を持たねばなりません。

そのことで、思い出すことがあります。私はボランティアで中小中堅企業の経営者に経営を教える経営塾「盛和塾《せいわじゅく》」を主宰しています。かつてその盛和塾のある塾生が私に対し、次のような質問を投げかけてきました。

「『経営者は自己犠牲を払わなければならない』と教えていただいていますが、会社を経営していくなかで、実は仕事と家庭の両立に悩んでいます。塾長はおそらく、家庭を顧みる間もないほど、京セラの経営に打ち込んでこられたと思うのですが、仕事と家庭の両立はどうされたのですか」

別の塾生の方からは、「私は仕事に打ち込むあまり、家内との関係に亀裂《きれつ》が入ってしまい、家庭が今にも崩壊しそうです。そのようなご経験はないのですか」という質問も寄せられました。私は、はたと困りました。なぜならば、そのように家庭が壊れるという経験は、私には一度もないからです。

私は家に帰るのが夜遅くなっても、家内に「今日はこんなことがあった、あんなことがあった」と話をしていました。仕事をせずに家を守っているだけでは、夫が何をやっているかわからず、張り合いもないだろう。会社に行っていなくても、夫と一緒に仕事をしているという一体感、連帯感のようなものがあれば、不満も出ないだろう。

私はそう考えて、帰りがいくら遅かったとしても、その日に起きたことを家内に毎日伝えていたわけです。短い時間であっても、必ず話をするように努めていました。

ただ、やり過ぎて問題を起こしたこともあります。まだ子供たちが小学校低学年だった頃のことです。夜中に帰った私は子供たちを起こし、「会社経営というのはとても難しいものだ。お父さんも一生懸命頑張っているが、いつ何時、会社が潰《つぶ》れるかもしれない。会社が潰れれば、お父さんは銀行に個人保証をさせられているので、全財産を取り上げられてしまう。鍋《なべ》と釜《かま》、箸《はし》に茶碗《ちゃわん》ぐらいは残してもらえると思うが、あとは全部銀行に取られてしまう。だからそうならないように、お父さんは必死で頑張っているんだ」と伝えました。

父親が授業参観にも運動会にも来てくれず、どこにも遊びに連れていってくれないのでは、子供たちが不憫《ふびん》だと思い、会社の全責任を担って頑張っているのだということ、またそれは家族のためなのだということを伝える意味で、私は話をしたつもりでした。

それに対して、大きくなった子供たちから、「あのときはなんとひどい父親かと思った」と言われたのです。まだ幼い自分の子供に、会社が潰れれば家の財産は全部なくなってしまい、箸と茶碗くらいしか残らないと私が言ったものだから、子供たちは震えが来るほど、怖くて怖くて仕方がなかったそうです。私は「家族のために一生懸命働いているので、おまえたちと遊んでやれなくてすまない、という意味で話したんだ」と言ったのですが、「とんでもない。誰もそんなことは思いもしません。なんとまあひどい父親だと思った」と言われてしまいました。

そうした誤解もありましたが、やはり一体感を持たせなければならないと思い、会社で起こったことは常に家族に知らせてきた私の気持ちが通じたのか、家庭が崩壊するようなことにはなりませんでした。

私は塾生の質問に対し、そのように答えました。

一方で、大人になった子供たちから、「なんとひどい父親かと思った」と言われてしまったことは、内心では忸怩《じくじ》たるものがありました。近所の子供はみな、授業参観や運動会、その他の学校行事でも両親が来てくれるのに、自分の父親だけは幼稚園から大学まで、ただの一度も学校に来てくれなかった。そんなことも、子供たちはさびしく思っていたのでしょう。

　その後、私は先ほどご紹介した、「大きな成功を願うならば、大きな自己犠牲を払わなければならない」というジェームズ・アレンの言葉に出会いました。これを読んで、救われた思いがしました。会社と社員を守るため、身内にも犠牲を強《し》いてしまったが、それは間違っていなかったのだと感じました。

　むしろ、自己犠牲を払い、必死の努力を重ねて従業員を守り、会社を守り、ひいては社会の発展にさえ貢献できることは、他の何にも代えがたい人生の勲章ではないか、それはきっと家族もわかってくれると思えるようになりました。

　それは、自分個人だけを守る、あるいは自分の家族だけを守ればいいという「小さな愛」ではなく、多くの従業員を守り、幸福にする、ひいては社会の進歩発展にも貢献するという「大きな愛」です。

　その「大きな愛」に身を捧げる人生とは、やりがいのある幸福な人生だと私は思います。

九　世のため、人のために行動すること

――自己犠牲をいとわず相手に尽くす

利《り》他《た》

「情けは人のためならず」と言われるように、優しい思いやりに満ちた心、行動は、相手に善《よ》きことをもたらすのみならず、必ず自分に返ってくるものです。

人間社会をよりよい方向に導く「利他《りた》の心」

人生とは他の誰が決めるものでもなく、自分自身が決めるものです。日々生きていくなかで、どのようなことを思い、どのような行いをするのかによって、すべてが決まっていきます。このことを、ぜひ若い人たちにも理解してほしいと思います。

不平不満を言わず、常に謙虚にして驕《おご》らず、生きていることに感謝する。誰にも負けない努力を重ね、自分が犠牲を払ってでも世のため人のために尽くそうとする。そうした「他に善《よ》かれかし」という優しい思いやりに満ちた、美しい「利他の心」が、じつは自分自身の人生をもよくしていきます。

そんな利他行を積んでいくことは一見、回り道のように見えます。ですが、「情けは人のためならず」と言われるように、優しい思いやりに満ちた心、行動は、相手に善きことをもたらすのみならず、必ず自分に返ってくるものです。

それは、水の流れに譬《たと》えて考えるとわかりやすいと思います。たとえば、相手と自分の間にたらいがあって、水が張ってあるとします。そのたらいの水を相手のほうへ押しやれば、たらいのなかで大きく波打って、結局は自分のほうへ戻ってきます。それと同じで、人を大事にして、人を喜ばせることをしていれば、おのずと自分のほうへ戻ってくる。世の中とはそういうものではないでしょうか。

それは、「自分がしてあげたのだから、相手にも自分に何かしてほしい」というような話ではありません。相手に何かをしてあげて、それで相手が喜んでくれた。それ自体で清々《すがすが》しい気持ちになるでしょうし、あなたの誇りにもなるはずです。

「相手が喜んでくれた」「相手の役に立つことができた」ということを、自分の最上の喜びとする。そういう精神の水準に到達できたとき、人間としての本当の幸せを感じることができるはずです。また天の助けも得て、自分も成功を収めることができるはずです。それこそが、まさに仏教でいう「自利利他」の精神です。

そのことをわかりやすく説明した、たとえ話があります。

あるお寺で修行僧の雲水《うんすい》が「地獄と極楽というのはどう違うのですか」と聞くと、老師は「地獄も極楽も外見上は全く同じような場所だ」と答えます。どちらにも大きい釜《かま》があって、そこにおいしそうなうどんがぐつぐつ煮えている。ただし、うどんを食べるには、物干し竿のような長い箸《はし》を使うことになっています。

地獄界に落ちてきた人たちの場合には、みな利己的な心の持ち主ですから、「オレがオレが」と、我先に食べようと、釜のなかにいっせいに物干し竿のような箸を入れて、うどんをすくい上げようとしますが、あまりに箸が長く、うまくつかめません。そのうちに、互いに相手がつかもうとしたうどんを奪おうと争いになり、うどんは飛び散るばかりで、一向に口に入りません。運よくうどんをうまくつかめたとしても、とても自分の口まで運ぶことはできません。結局、誰もうどんを食べることができません。それが地獄の光景です。

一方、極楽では、条件は同じですが、非常になごやかです。みんな優しい思いやりの心の持ち主ばかりですから、自分のことを先に考えるのではなく、自分の長い箸でうどんをつかむと、「お先にどうぞ」と言って、釜の向こう側にいる人に先に食べさせてあげる。すると、向こう側の人も「ありがとう。今度はあなたの番です」と言い、同じように食べさせてくれます。だから、物干し竿のような箸を使っても、お互いに感謝を述べあいながら、和気あいあいと食べることができます。阿鼻叫喚《あびきようかん》のちまたと化している地獄と同じ環境、同じ条件、同じ道具立てなのに、極楽では全く違う様相を呈しています。それはまさに、そこにいる人の心の状態の差だけと言ってもいいと思います。

環境も物理的条件も何も違わないのに、一方では修羅場《しゅらば》のような怒号が響きわたり、奪いあいをしている。そして、結局誰も自分がほしいものを手に入れることができずに苦しみあえいでいる。それに対し、もう一方では、素晴らしい愛に満ち、お互いのために、相手のために尽くしてあげようとしている。そうすることでまた、相手から返ってくるという平和で幸福な環境で生きている。つまり、心の持ち方ひとつで、地獄は極楽に変わります。

それは現実世界でも同じです。「自分さえよければいい」という利己の心をむき出しにして世間を渡っていけば、必ず軋轢《あつれき》が生じ、さらに悪い方向へと自分を追いやってしまいます。そうした利己の心を離れ、まず自分から思いやりの心で周囲に接するようにする。一人ひとりがそうした「利他の心」を持つことで、潤いのある平和で幸福な社会が築かれていくはずですし、一人ひとりの運命も好転していくはずです。

貢献

人の行いのなかで最も尊いものは、
人のために何かをしてあげるという行為です。
人はふつう、まず自分のことを第一に考えがちですが、
実は誰でも人の役に立ち、喜ばれることを、
最高の幸せとする心を持っています。
人間の本性とはそれほど美しいものです。

世のため人のために積極的に尽くす

京セラを創業して以来、私はファインセラミックスの開発と、会社の経営に心血を注いできました。その結果、幸いにも会社が順調に成長を遂げたことから、いろいろな賞をいただく機会がありました。

最初は褒めていただけるものですから、喜んでただ頂戴していたのですが、一九八一年に、東京理科大学の故・伴五紀《ばんいつき》教授から「伴記念賞」をくださるというお話をいただきました。

これは、伴先生ご自身の特許のロイヤリティ収入を資金に、技術開発で貢献のあった人を顕彰《けんしょう》するという賞です。私は単純に喜んで授賞式に臨んだのですが、先生にお目にかかり、自分が本当に恥ずかしく思えました。

先生はご自身の特許から得られる限られた資金で顕彰事業を運営しておられる。一方、企業を経営してそれなりに成功を収め、結果、幸いなことにある程度の私財も持つことになった私が、嬉々としてもらう側にいる。「これで良いのだろうか。本当は私が差し上げるほうに回らなければいけないのではないのか」と強く感じました。

そのときから、自分が得たものを何らかの形で世の中にお返ししなければいけない、と考え始めました。

そして、一九八四年四月、私の株と現金を合わせた約二百億円相当を基本財産として、稲盛財団を設立し、「京都賞」を創設しました。

京都賞創設の発表を行って間もなく、ノーベル財団に表敬訪問に行きました。そのときに「ノーベル賞のような国際的な顕彰をするうえで重要なことは何か」とお聞きしましたら、「国際的な視点から見て、審査が公平で厳正であること。そして継続することによる権威です」と教えていただきました。

そして、ノーベル賞にも財団理念としての「ノーベルの遺言」があるように、私も、京都賞という顕彰事業を行うにあたって、「京都賞の理念」をつくり、今後、京都賞の審査、運営は必ずこの「京都賞の理念」に沿って行うこととしました。

この理念のなかで、私は、かねてからの自分の人生観である「人のため、世のために役立つことをなすことが、人間として最高の行為である」ということを第一に掲げました。

私は以前より、自分を育《はぐく》んでくれた人類および世界のために恩返しをしたいと考え、その思いをどのような形で実践すべきか、いろいろと思案していました。また常々、世の中には人知れず努力している研究者が多くおられるのに、そうした人たちが心から喜べる賞があまりにも少ないと感じていましたので、それらの思いを京都賞の創設の理由として述べさせていただきました。

また現在、科学文明の発展に比べ、人類の精神面における探求は大きく後れをとっています。しかし、この科学技術と精神は決して対立するものではなく、両者がバランスよく発展を遂げなければ、人類の不幸を招きかねないと私は考えています。京都賞が科学文明と精神文化のバランスの良い発展に寄与し、ひいては人類の幸福に貢献することを強く願いつつ、それも理念にまとめさせていただきました。

こうしてできあがった京都賞の理念は、京都賞の審査を行う際、審議が行き詰まってくると、委員の先生方が「それではここでもう一度『京都賞の理念』に立ち返って、審議しなおしてみましょう」と、常に念頭においていただくなど、生きた理念となっています。

そのような理念にしたがって、今日まで顕彰事業を行ってきたわけですが、京都賞を通じて、本当に素晴らしい方々との出会いがあったことも、私の喜びの一つです。

京都賞の理念のなかに「この京都賞を受賞される資格者は、京セラの我々が今までにやってきたと同じように、謙虚にして人一倍の努力を払い、道を究める努力をし、己を知り、そのため偉大なものに対し敬虔《けいけん》なる心を持ちあわせる人でなければなりません」とありますが、受賞者の審査では、業績を評価することはできても、その人柄まで詳細に知ることはできません。

しかし不思議なことに、これまでお目にかかった京都賞受賞者の皆さんは、本当に素晴らしい方々ばかりでした。半生をかけて、ただひたすら一つのことに打ち込んでこられたその真摯《しんし》な姿勢が、風格のある、素晴らしい人柄をつくるのだと思わずにはいられません。

京都賞の賞金は、当初ノーベル賞の賞金五千万円に敬意を表し、四千五百万円でスタートしましたが、その後ノーベル賞が賞金を増額されたこともあって、第十回京都賞より三部門で各五千万円に増額し、以来ずっとその金額をお贈りしています。

この賞金の使いみちについては、京都賞授賞式終了後に行われる共同記者会見の席でも、よくいただく質問のようです。おそらくはご自身の研究資金として使われるのだろうと考えていましたが、実際には、社会へ還元しようとされる方が多いことに驚くのです。

たとえば、第三回精神科学・表現芸術部門（現在は思想・芸術部門）の受賞者であるポーランドの映画監督、故アンジェイ・ワイダ氏は、賞金を基に「京都－クラクフ基金」を設け、ポーランドに日本美術を紹介するセンターをつくられました。

その他にも、数多くの受賞者が寄付をしたり、賞を設けたりと、世のため人のために賞金を使われています。

京都賞は、研究一筋の人生を送ってこられた方々を慰労するために始めた賞ですから、私は賞金はご自身のためにお使いいただければと思っていました。しかし結果として、このような形で善の循環が行われていることに、心から喜びを感じています。

人の行いのなかで最も尊いものは、人のために何かをしてあげるという行為です。

人はふつう、まず自分のことを第一に考えがちですが、実は誰でも人の役に立ち、喜ばれることを、最高の幸せとする心を持っています。人間の本性とはそれほど美しいものです。

調和

人間が心のなかで思い、実行することが、
すべてをよい方向に進めようとする、
宇宙が持つ波長とピタリと合ったときには、
人生は好転していく。
宇宙が持つ考え方と反する利己的な思いを持てば、
宇宙の流れに逆らうことになり、
善《よ》き結果は得られません。

愛に満ちた心は宇宙の意志にも適《かな》う

この世には、すべてのものを進化発展させていく流れがあります。これは「宇宙の意志」とでもいうべきものではないかと私は考えています。

この「宇宙の意志」は、愛と誠と調和に満ち満ちており、私たち一人ひとりの思いが発するエネルギーがそれに同調するのか、反発しあうのかによってその人の運命が決まってきます。

宇宙は最初、ひと握りの超高温・超高圧の素粒子の塊《かたまり》でした。それが大爆発を起こし、膨張をしながら現在の壮大な宇宙をつくってきたと言われています。これは現在の宇宙物理学ですでに証明されていることです。

宇宙を形成する物質世界は、すべて原子からできています。周期表にあるように、最も質量が小さいものは水素原子です。水素原子には原子核が一つあり、その原子核は、陽子と中性子で構成され、そのまわりを電子が回っています。

原子核を構成している陽子や中性子を粒子加速器を使って壊してみると、そこから数種類の素粒子が出てきます。つまり、複数の素粒子が結合して陽子や中性子をつくっているわけです。

宇宙開闢《かいびゃく》のとき、最初は素粒子であったものが結合して陽子や中性子がつくられました。その陽子と中性子が原子核をつくり、そこにひとつの電子がとりこまれて最初に水素原子が生まれました。その水素原子同士が融合し、より重いヘリウム原子ができました。

さらに今度は、原子同士が結合して分子をつくります。分子はさらに高分子を形成し、やがてＤＮＡという遺伝子が加わることによって生命体に変わっていきます。

地球上に生まれた最初の生命体は非常に原始的な生物であったわけですが、その原始的な生物が進化を繰り返し、我々人間が生まれてきました。

もともと、この宇宙は一握りの素粒子から始まりました。しかし、それは一瞬たりとも現状のままとどまらず、進化を繰り返し、現在の宇宙を形づくってきたのです。

このような今日の宇宙ができあがった過程を振り返ると、宇宙には森羅万象《しんらばんしょう》あらゆるものを進化発展する方向へと導こうとする流れ、もしくは、すべてのものを慈しみ育てていく意志のようなものが存在しているのではないかと思います。

そのような宇宙に我々が住んでいるとすれば、我々がどのようなことを思い、どのような想念を抱き、どのようなことを実行するのか、ということが大切になってきます。

つまり、人間が心のなかで思い、実行することが、すべてをよい方向に進めようとする、宇宙が持つ波長とピタリと合ったときには、人生は好転していく。逆に、自分だけがよくなればいい、自分以外は悪くなってもかまわない、というような、宇宙が持つ考え方と反する利己的な思いを持てば、宇宙の流れに逆らうことになり、善《よ》き結果は得られません。

そうであれば、私たちは、森羅万象あらゆるものをよくしてあげたいという宇宙に存在する愛の流れと同調する、「他に善かれかし」という利他《りた》の心を持つように努めなければなりません。「他人の喜びを自分の喜びとする」「世のため人のためになることを思う」「自分だけでなく周りの人々皆が常に幸せに生きることを願う」といった、美しく、ピュアで正しい心で人生を生きていけば、必ず神の助け、いわゆる天佑《てんゆう》があります。そのことを、京セラの成長発展、第二電電の創業、日本航空の再生が示していますし、私の人生そのものが証明しているように思います。

つまり、利他の心で人様を助けてあげる、人様に親切にしてあげる。そういう美しい思いやりの心を持つことは、宇宙の意志に沿う行為であり、それによって人間は必然的に成長発展の方向に導かれ、運命も好転していくのです。

このことは強調しても、強調しすぎることはないと思います。利己的な欲望を抑え、謙虚な心を常に忘れず、自分のことだけを考えるのではなく、周りの人のことを考えて行動する。そうした愛は相手に与えた度合いに応じて、自分に返ってきます。そして自分を幸せにしてくれるのです。

終章

善《よ》き思いに満ちていること

善《よ》き「考え方」を持ち、「他力の風」を味方にする

ここまで、素晴らしい人生を送るために必要な「考え方」について、「大きな志を持つこと」「常に前向きであること」「努力を惜しまないこと」「誠実であること」「創意を凝《こ》らすこと」「挫折《ざせつ》にへこたれないこと」「心が純粋であること」「謙虚であることと」「世のため、人のために行動すること」という九つの章に分けて、お話ししてきました。

「考え方」次第で人生が変わるなど信じられないと思われるかもしれませんが、私自身が善き「考え方」を持つことで、人生を好転させてきたこと、また、困難を克服してきたことは、本書を読んでいただいた皆さんには十分にご理解いただけたことと思います。

「考え方」には私たち一人ひとりの人生を一八〇度変えるほどの大きな力があります。また同時に、一人ひとりが意識を変え、善き「考え方」を持つことで、個人を超え

て、集団そのものの運命をも変えていく力を持っています。

序章でもふれた日本航空の再生がまさにそのことを示しているように思います。

私は再建の任を終えて、二〇一三年三月に日本航空の取締役を退任しましたが、それまでの日々を振り返り、なぜあのような奇跡的な再生を果たすことができたのかと、夜、床につくときにしみじみと考えることがあります。

まずは、何よりも社員たちの心が変わり、仕事の姿勢、行動が変わったことが挙げられます。

たとえば、受付カウンターのスタッフは、チェックインの際、杓子定規《しゃくしじょうぎ》に対応をするのではなく、常にお客様の立場になって、「お客様に今、本当に必要とされていることは何か」「お客様が困っていることで、何か対応できることはないか」を考え、自発的に行動してくれるようになりました。

また、お客様とフライトを共にするキャビン・アテンダントたちも、マニュアルに書かれていないことでも、「こういうことをしたら、お客様は喜んでくれるのではないか」と考えて、お客様の要望を先取りするように、臨機応変にサービスを提供してくれるようになりました。

さらに、それまでは通り一遍の機内アナウンスをしていた機長たちも、いつも同じ言葉で話すのではなく、その日ご搭乗いただいたお客様に対して、心のこもった言葉を自ら考え、アナウンスをしてくれるようになりました。

かつての日本航空は、日本を代表するナショナルフラッグキャリアという自負心から、傲慢《ごうまん》さ、横柄《おうへい》さ、そしてプライドの高さが鼻につき、お客様をないがしろにするようなことがまま見受けられました。そのような社員の心のあり方が日本航空を破綻《はたん》に陥《おとしい》れたのです。

一方、日本航空の再生において、私は全社員に、「真面目《まじめ》に一生懸命仕事に打ち込む」こと、「感謝の心を持つ」こと、「常に謙虚に素直な心を持つ」ことといった、人間の「徳」に基づいた善き「考え方」を持つことの大切さを伝え続けました。そのような「考え方」が浸透するにつれ、官僚的な体質は少しずつなくなり、マニュアル主義といわれていたサービスも改善され、社員一人ひとりの行動が大きく変化していきました。

それまで「自分だけよければいい」という利己的な「考え方」に染まっていた心が、「お客様のため」、また「仲間のため」といった、他に善かれかしという「考え方」に変わっていったことで、それぞれの持ち場、立場で、懸命に仕事に取り組んでくれるようになったのです。

こうした日本航空の社員たちの変化によってお客様へのサービスが向上し、搭乗してくださるお客様も次第に増えていき、それにしたがって収益も飛躍的に改善していきました。こうして、経営破綻に至るまで悪化し続けていた日本航空の運命は好転し始めました。

つまり、社員たちの意識と行動の変化という「自力」が、お客様からの応援という「他力」を呼び起こすことによって、日本航空は運命を変え、世界一の収益性を誇る航空会社に生まれ変わることができたのです。

しかし、この「自力」と「他力」だけでは、あの日本航空の奇跡的といわれる再生を説明することはできないように思うのです。私には、もう一つの大きな「他力」があったように思えてなりません。それは人智を超えた自然の力という意味での「他力」です。そうでなければ、東日本大震災が起き、大幅な旅客減少が続いていたなかで、高収益を維持しながら、わずか三年足らずで東京証券取引所に再上場を果たしていくという、誰しも想像できなかった企業再生ができるはずがありません。つまり、善き「考え方」を持って懸命な努力を捧げている私たちの姿を見て、天が手を差し伸べてくれたのではないでしょうか。

このことを、次のように表現することができると私は考えています。善き「考え方」は、自助努力による「自力」や周囲の人々の助けという「他力」をも超えた、偉大な宇宙のもう一つの「他力」を味方にすることができると——。

人生を、大海原《おおうなばら》を旅する航海にたとえるならば、我々は思い通りの人生を送るために、まずは必死になって自力で船を漕ぐことが必要です。また、仲間の協力や支援してくれる人々の助けも必要ですが、それだけでは遠くにたどり着くことはできません。船の前進を助けてくれる他力の風を受けることではじめて、はるか大海原に乗り出し、航海することができます。

世の中に自力だけでやれることなどたかが知れています。また、周囲の人々の助けという他力を得るだけで達成できることにも限界があります。偉大なことは人智を超えた天の力である、もう一つの他力を受けなければ成しえません。けれども、天の力という他力を受けるためには、自分自身の心を利己まみれの心ではなく、「他に善かれかし」という美しい心にすることが必要です。

「オレがオレが」という利己の心は、いわば穴だらけの帆《ほ》のようなものです。よしんば他力の風がいくら吹いても、帆に穴が開いているために船は前進する力を得ることは決してできません。対して、善き「考え方」のもとに揚げた帆は力強く他力の風を受けることができます。

私は、善き「考え方」を持つことが、他力の風を受けるための帆を張るという行為そのものであり、自分の心を美しい心に磨いていく営みそのものではないかと考えています。

帆はその人の「考え方」がもたらす心の状態を表しています。利己的な欲望ではなく、他に善かれかしという美しい心で帆を張れば、この世界に吹いている神秘的な素晴らしい力を、自然と得ることができるようになります。

ぜひ読者の皆さんも、もう一つの他力の風を満帆《まんぱん》に受けるような善き「考え方」を持ち、素晴らしい人生を送っていただきたいと思います。

稲盛 和夫（いなもり・かずお）
1932年、鹿児島県生まれ。鹿児島大学工学部卒業。59年、京都セラミック株式会社（現・京セラ）を設立。社長、会長を経て、97年より名誉会長。84年に第二電電（現・KDDI）を設立し、会長に就任。2001年より最高顧問。10年には日本航空会長に就任。代表取締役会長、名誉会長を経て、15年より名誉顧問。
このほか、1984年に稲盛財団を設立し、「京都賞」を創設。毎年、人類社会の進歩発展に功績のあった人々を顕彰している。また、若手経営者が集まる経営塾「盛和塾」の塾長として、後進の育成に心血を注ぐ（1983年から2019年末まで）。
主な著書に『生き方』（サンマーク出版）、『働き方』（三笠書房）、『稲盛和夫のガキの自叙伝』（日本経済新聞出版社）、『成功への情熱』（PHP研究所）、『君の思いは必ず実現する』（財界研究所）などがある。

稲盛和夫オフィシャルホームページ
http://www.kyocera.co.jp/inamori/

考《かんが》え方《かた》

2017年4月1日　第1刷発行
2024年12月10日　第19刷発行

著　者　稲盛和夫《いなもりかずお》
発行者　佐藤 靖
発行所　大和《だいわ》書房
東京都文京区関口1-33-4　〒112-0014
電話　03(3203)4511

装　幀　菊地信義
写　真　鈴木正美

本文印刷　歩プロセス
カバー印刷　歩プロセス
製本所　ナショナル製本

ISBN978-4-479-79573-5

http://www.daiwashobo.co.jp

JASRAC 出 1701632-701